Acquisition.com

Ofertas de $100M Resumen y Cuaderno de trabajo

Cómo presentar ofertas tan buenas que la gente sienta que es estúpida si dice que no

ALEX HORMOZI

Acquisition.com, LLC
7710 N FM 620
Building 13C, Suite 100
Austin, TX 78726

Acquisition.com

Ofertas de $100M Resumen y Cuaderno de trabajo

Cómo presentar ofertas tan buenas que la gente sienta que es estúpida si dice que no

Por

ALEX HORMOZI

POR QUÉ CREÉ ESTE RESUMEN Y CUADERNO DE TRABAJO

Ser dueño de empresas que generan cientos de millones (no es un error tipográfico) de ingresos al año me enseñó muchas cosas. Pero, me enseñó una cosa importante en particular: el éxito no llega a los que hablan de negocios, llega a los que hacen negocios. Y los negocios se hacen utilizando las habilidades empresariales para hacer negocios reales.

En mi experiencia, la mayoría de las personas ya conocen los pormenores básicos de los negocios:

- Crear o conseguir algo para vender.

- Hacer saber a la gente que tienes algo para vender.

- Ofrecer ese producto a las personas interesadas en comprarlo.

- Ganar más dinero del que cuesta vender y entregar el producto.

- Utilizar el dinero sobrante para pagarte a ti mismo y hacer crecer el negocio.

- Repetir.

Simplemente se quedan atascados en el *cómo* de los negocios. *¿CÓMO* puedes hacer todo eso? Con *habilidades.*

Tuve éxito en los negocios...

- No porque tenga secretos.

- No porque haya inventado algo revolucionario.

- No porque sea el único que gana más dinero del que gasta.

- Sino porque invertí todo lo que pude en desarrollar habilidades empresariales.

También sé que invertir en habilidades empresariales te impide invertir en otras cosas. Pero respeto esta elección. Y te respeto por hacerlo porque *estás haciendo una buena inversión.* Cuando da sus frutos, todo lo que inviertes puede volver a ti multiplicado por 5, 10, 100, 1000 o más. Luego, puedes invertir recursos en lo que quieras (¡incluso más cosas relacionadas con negocios!) a un ritmo demencial.

Yo creé los libros, cuadernos de trabajo y cursos de *$100M* porque *tú elegiste este camino*. Sé que las habilidades empresariales son difíciles de dominar. Sé que se requiere de mucha práctica para dominarlas. También sé que *puedes* dominarlas. Este cuaderno de trabajo te ofrece otra pieza de ese rompecabezas.

Sé que los principios contenidos en estos libros me ayudaron. Pero, por el bien de la misión, reuní pruebas en silencio de que también funcionan para otros. Me llevó un tiempo, pero los comentarios lo dicen todo. Desde que comencé la misión de hacer accesible a todo el mundo la verdadera formación empresarial, ha afectado a millones de personas. Veo al adolescente golpeando puertas. Al padre en el lavadero de autos. A la granjera en su puesto del mercado agrícola. Todos se han acercado a mí para contarme cómo les han funcionado los principios.

La cantidad de gente que me para por la calle cada día para decirme "aprendí una nueva habilidad"... "puedo alimentar a mi familia"... "he triplicado mis ingresos"... "ahora tengo una razón para levantarme por la mañana"... cada uno de ellos me conmueve profundamente. Cada vez.

Creé los libros *$100M*, los cuadernos de trabajo y los cursos gratuitos para *ti*, que quieres ganar en el juego de los negocios. Estos principios se aplican a ti si ya te has establecido, como lo hice yo. También se aplican si lo has perdido todo y has tocado fondo, como yo (dos veces).

Este cuaderno de trabajo resume todo lo importante del libro principal, refuerza tu comprensión de él y pone a prueba tus nuevos conocimientos. Te resultará simple *y* efectivo... siempre que lo pongas en práctica.

Atribuyo la mayor parte de mi éxito a estos principios y a las habilidades que se derivan de ellos.
Y, con el paso de los años, han demostrado que funcionan también para otros.
Ahora, pueden funcionar para ti.

LO QUE ESTO NO ES

Ahora ya sabes por qué he creado este cuaderno de trabajo y resumen de mi libro. Pero también quiero que mantengas el enfoque en lo que realmente importa. Por lo tanto, voy a cerrar el círculo diciéndote lo que este libro *no* es.

Este cuaderno de trabajo NO intenta sonar sofisticado

Si lo que quieres es un análisis elegante desde la comodidad de un sillón por parte de académicos. Ve a otra parte.

Si quieres matemáticas complicadas y palabras rebuscadas. Ve a otro sitio.

Si quieres palabrería que te distraiga de ganar dinero. Ve a otro lado.

He visto a los críticos de libros despreciar el lenguaje sencillo y los enfoques simples. Por otra parte, estas personas casi nunca tienen negocios grandes y exitosos. Así que, mientras ellos se divierten encontrando pequeños errores tipográficos, tú puedes divertirte construyendo grandes cuentas bancarias. Sé que las cosas complicadas y la jerga elegante entretienen a la gente. Pero los principios simples enunciados en un lenguaje sencillo *te harán rico*. Y a mí me interesa hacerte rico.

Hay gente que se hace la *snob* con estas cosas. Déjalos. Más para nosotros.

Este cuaderno de trabajo NO "innova"

Estos principios no son míos: proceden del propio emprendedurismo.

Es posible que hayas oído, leído o visto muchas de las cosas que digo en otros sitios. *Bien.* Cuantos más sitios veas con principios empresariales sólidos, mejor. Yo sólo te doy mi visión, mis experiencias y los éxitos cada vez mayores de personas que los adoptaron, como yo.

Este cuaderno de trabajo no rompe ningún molde. No quiero que lo haga. Presento grandes ideas de forma sencilla y me aseguro de que las conozcas lo suficiente como para utilizarlas. Algunos sugieren cuestiones empresariales extrañas y complicadas que realmente dependen de la suerte, todo en nombre de la "innovación". Yo sugiero cosas sencillas y probadas que dependen del *trabajo duro*. Luego, cuando encuentres algo que te haga ganar dinero, redobla la apuesta y *trabaja aún más duro*.

Sí, la suerte juega un papel importante en los negocios. Tu negocio tendrá buenas temporadas por ese motivo. Pero *el trabajo duro es rentable, tengas suerte o no*. Entonces, *cuando* llega la suerte, el trabajo duro se convierte en algo increíble. Todo se combina.

Los empresarios exitosos piensan en décadas, no en días. Algunas temporadas parecen estupendas y otras no tanto. Pero cuando ves y comparas todas las temporadas juntas, los resultados hablan por sí solos.

Este cuaderno de trabajo NO fue escrito por un hombre que no haya hecho todo lo que contiene.

Rara vez hablo de mi educación formal. Sí, estudié administración de empresas en Vanderbilt. No, no creo que eso haya marcado la diferencia. He conocido a miles de personas con títulos elegantes en negocios y muchas de ellas no han llegado a ninguna parte con ellos. El título en sí no significa nada.

No hablo de negocios porque sepa cosas *sobre* negocios.
Hablo de negocios porque *los hago*.
He hecho negocios y he ganado.
He hecho negocios y lo he perdido todo.
He hecho negocios y he vuelto a ganar.
Todo lo que está en los libros, cursos y cuadernos de trabajo, lo he vivido.

Este cuaderno de trabajo NO es el libro principal

Cuando empecé con estos cuadernos de trabajo tenía un problema. La mayoría de los cuadernos de trabajo que había apestaban. Copiaban algunas cosas de un libro, las pegaban en otro, hacían una estúpida pregunta abierta y luego agregaban docenas de páginas en blanco para "reflexionar". *Un divague absoluto.*

Si publicara algo así... no podría vivir conmigo mismo. Significaría hacerte mal a ti y a todos los que se preocupan por esta misión. La *Serie $100M* ha hecho un trabajo fantástico por sí sola. Publicar lo mismo otra vez sería penoso, canibalizaría mi propio contenido *y* te insultaría. Qué asco.

El cuaderno de trabajo, a pesar de ser el compañero perfecto de la *Serie $100M*, tenía que valerse por sí mismo.

El cuaderno de trabajo reúne conceptos importantes, pero no es el libro principal.

El cuaderno de trabajo refuerza tu comprensión de esos conceptos, pero no es el libro principal.

El cuaderno de trabajo te desafía a aplicar esos conceptos, pero no es el libro principal.

El cuaderno de trabajo aumenta tu potencial para ganar dinero, pero no es el libro principal.

El cuaderno de trabajo *puede* valerse por sí mismo, pero...

Si lo usas para sustituir al libro principal, *podrías cometer un error.*

El libro principal hace que el cuaderno de trabajo sea más valioso.

El cuaderno de trabajo hace que el libro principal sea más valioso.

Por lo tanto, para obtener los mayores beneficios para tu empresa, *utiliza ambos.*

Este cuaderno de trabajo NO es para personas que piensan que ganar mucho dinero es malo

Muchas buenas personas tienen creencias erróneas sobre el dinero.

Creen que ganar mucho dinero, o querer hacerlo, las convierte en malas personas. Piensan que los demás los mirarán mal si lo intentan. Y, por esa razón, muchas buenas personas se mantienen pobres... ¡a propósito!

Déjame decirte algo.

Cuando los buenos se mantienen pobres a propósito, los malos ganan.

Fin de la historia.

Ser bueno en los negocios también significa tener las creencias correctas sobre el dinero. Nos guste o no, una empresa tiene una función principal: ganar dinero. Como propietario de una empresa, si no le das prioridad a ganar dinero, tu empresa fracasará. Los buenos pierden. No dejes que pierdan los buenos.

Los negocios tienen muchísimos elementos virtuosos:

Dominar habilidades, desarrollar el autocontrol, distribuir cosas útiles y marcar la diferencia en la vida de las personas. Si excluyes la generación de dinero de la ecuación, como hacen muchos empresarios ingenuos, *todo se desmorona.*

Los buenos negocios generan mucho dinero.

Si quieres construir un buen negocio, entonces empieza a sentirte cómodo ganando mucho dinero.

Hagamos mucho dinero.

CÓMO UTILIZAR ESTE CUADERNO DE TRABAJO Y RESUMEN

Puedes utilizar este cuaderno de trabajo y resumen...

- Por sí solo

- Antes de leer el libro principal

- Después de leer el libro principal

- Mientras lees el libro principal.

Así que, en realidad, puedes utilizarlo cuando quieras.

El cuaderno de trabajo repasa el material en el mismo orden que el libro principal. Esto facilita la lectura de ambos libros a la vez, pero las similitudes terminan ahí.

En primer lugar, repaso un aspecto importante de los negocios. Presento este asunto importante como un problema que hay que resolver, un "concepto clave" y cosas por el estilo. Lo reconocerás cuando lo veas. En segundo lugar, doy un ejemplo de concepto importante en acción y tal vez algunas otras notas al respecto. Después de eso, haces un ejercicio (o varios) sobre el concepto clave para que se te quede grabado. Luego, cuando cobre sentido, verás cómo marca la diferencia en tu negocio. Este proceso se repite para cada concepto importante de negocios que he incluido aquí.

Pero hay una sola cosa que verdaderamente importa, y es *que utilices todo esto en la vida real.*

DESCRIPCIÓN DE CUADERNO DE TRABAJO + RESUMEN

Detesto ver cómo engañan a la gente. He visto a más de 30 personas haciendo <u>malos cuadernos de trabajo</u> en base a un libro objetivamente estupendo (basándome en las más de 20.000 reseñas de 5 estrellas en *Amazon*). Y, como algunos sólo leen los cuadernos de trabajo y resúmenes, me <u>juzgarían</u> por las pobres versiones bastardeadas de mi libro. Eso me cayó mal. Así que decidí hacer yo mismo una versión que contenga un cuaderno de trabajo + un resumen de mi libro original *Ofertas de $100M*. Al menos de esta manera, aprenderás lo correcto en lugar de lo que alguna persona que nunca ha tenido un negocio *te cuenta* que es importante. Puedes oírlo de mí.

Simplifiqué el texto original en un marco de resolución de problemas para ti.

Introducción:

Problema A: ¿Por qué puede Alex asesorar? → Solución #0: Credibilidad y Relacionabilidad

Problema B: Los dueños de los negocios están en quiebra → Solución B: Necesitan una Oferta *Grand Slam*

Cómo hacer una Oferta Grand Slam:

Problema #1: Vendes un producto básico → Solución #1: Diferénciate

Problema #2: Tienes malos clientes → Solución #2: Encuentra un público hambriento

Problema #3: Tus precios son demasiado bajos para ganar dinero → Solución #3: Precios Premium

Problema #4: Tu producto no es valioso → Solución #4: Hazlo valer

Problema #5: Estás resolviendo de la manera equivocada →Solución #5: Resuelve de la manera correcta

Problema #6: Estás resolviendo problemas equivocados → Solución #6: Resuelve los problemas correctos

Mejoradores de Ofertas

Los componentes

Problema #7: Aún no compran → Solución #7: Agrega Escasez

Problema #8: Aún no compran → Solución #8: Agrega Urgencia

Problema #9: Aún no compran → Solución #9: Agrega Bonificaciones

Problema #10: Aún no compran → Solución #10: Agrega Garantías

Problema #11: Están comprando las personas equivocadas → Solución #11: Cambia el Nombre

Problema #12: Aún no pasa nada→ Solución #12: Haz que pase

Ejecuta

Al finalizar este cuaderno de trabajo, resolveré los 12 problemas de tu oferta actual. Juntos la transformaremos en una oferta Grand Slam. Esto suele resultar en una lluvia de dinero cayendo sobre ti con mayor frecuencia e intensidad.

Vamos a sumergirnos.

Tabla de Contenidos

INTRODUCCIÓN 1

Problema A: ¿Por qué puede Alex asesorar?

→ Solución A: Credibilidad y relacionabilidad 3

Problema B: ¿Por qué los dueños de los negocios están en quiebra?- Ofertas terribles

→ Solución B: Ofertas Grand Slam 5

CÓMO HACER UNA OFERTA GRAND SLAM 7

Problema #1: Vendes un producto básico → Solución #1: Diferénciate 7

Problema #2: Malos clientes Solución → #2: Una multitud hambrienta 17

Problema #3: Precios bajos → Solución #3: Precios premium 25

Problema #4: Tu producto no es valioso → Solución #4: Hazlo Valer........31

Problema #5: Estás resolviendo de la manera equivocada

→ Solución #5: Resuelve de la manera correcta 45

Problema #6: Estás resolviendo problemas equivocados

→ Solución #6: Resuelve los problemas correctos 49

MEJORANDO TU OFERTA GRAND SLAM: 67

Problema #7: No están comprando → Solución #7: Agrega escasez 69

Problema #8: No están comprando → Solución #8: Agrega urgencia 73

Problema #9: No están comprando → Solución #9: Agrega bonificaciones 79

Problema #10: No están comprando → Solución #10: Agrega garantías 87

Problema #11: Están comprando las personas equivocadas

→ Solución #11: Cambia el nombre 101

Problema #12: Aún No pasa nada → Solución #12: Haz que pase 109

REGALOS 113

INTRODUCCIÓN

"A menudo se obtienen grandes retornos apostando en contra de la sabiduría convencional, que suele ser la correcta. Con un 10% de probabilidades de obtener un beneficio 100 veces mayor, deberías apostar siempre. Aun así, te equivocarás nueve de cada diez veces... En el béisbol todos sabemos que aunque lancemos para ganar, vamos a 'ponchar' muchas veces, pero también vamos a lograr algunos 'jonrones'. Sin embargo, la diferencia entre el béisbol y los negocios es que el béisbol tiene una distribución de resultados truncada. Cuando bateas, no importa lo bien que conectes con la pelota, lo máximo que puedes conseguir son cuatro carreras. En los negocios, de vez en cuando, cuando subes al plato, puedes anotar 1.000 carreras. Esta distribución de rendimientos de largo alcance es la razón por la que es importante ser audaz. Los grandes ganadores son los que realizan muchos experimentos".
— **Jeff Bezos**

Como emprendedores, hacemos apuestas todos los días. Somos jugadores, apostamos el dinero que tanto nos costó ganar en mano de obra, inventario, alquiler, marketing, etc., con la esperanza de lograr mayores resultados. Muchas veces perdemos. Pero a veces ganamos y a lo GRANDE. Sin embargo, hay una diferencia entre apostar en los negocios y apostar en un casino. En el casino, las probabilidades están en tu contra. Con habilidad puedes mejorarlas pero nunca vencerlas. En cambio, en los negocios, puedes mejorar tus habilidades para inclinar las probabilidades a tu favor. En pocas palabras, con la habilidad suficiente, puedes convertirte en 'la casa'.

Después de comenzar una serie de libros sobre adquisición, me resultó evidente que no podía hablar de ningún otro tema sin abordar primero el de *la oferta*: el punto de partida de cualquier conversación para iniciar una transacción con un cliente. Lo que tú le *das* literalmente a cambio de su dinero. Ahí empieza todo.

Este libro trata de cómo hacer ofertas rentables. En concreto, de cómo convertir de manera *confiable* los dólares invertidos en publicidad en (enormes) ganancias, utilizando una combinación de estrategias de precios, valor, garantías y nombre. Yo llamo a la combinación adecuada de estos componentes: una *Oferta Grand Slam*.

Elegí este término en parte como homenaje a la cita anterior del fundador de *Amazon*, Jeff Bezos, y porque, como un *Grand Slam* en béisbol, una *Oferta Grand Slam* es tanto muy buena como muy rara. Además, ampliando la metáfora del béisbol, no requiere más esfuerzo hacer una Oferta Grand Slam que 'ponchar'. La diferencia viene dictada por la habilidad del vendedor y por lo bien que conecte su oferta con los deseos de su público. En el mundo de los negocios se pueden tener ofertas mediocres: los "*singles*" y los "dobles" que mantienen el juego en marcha, pagan las facturas y mantienen a la empresa funcionando. Pero, a diferencia del béisbol, donde un grand slam anota un máximo de cuatro carreras, una Oferta Grand Slam en el mundo de los negocios puede multiplicar por mil los beneficios y hacer que nunca más tengas que volver a trabajar. Sería como conectar tan bien con la pelota durante un solo turno al bate que ganaras automáticamente todas las Series Mundiales durante los próximos cien años.

Se necesitan años de práctica para que algo tan complicado como lanzar una bola rápida en las grandes ligas hacia las gradas parezca un juego fácil. La postura, la visión, la predicción, la velocidad de la pelota, la velocidad del bate y la colocación de la cadera deben ser perfectas. En marketing y la captación de clientes (el proceso de conseguir nuevos clientes), hay otras tantas variables que deben alinearse para realmente "sacarla fuera del estadio". Pero con suficiente práctica y habilidad, puedes convertir el salvaje mundo de la captación, que *te lanzará* bolas curvas todos los días, en un torneo de 'jonrones', sacando fuera del estadio una oferta tras otra. Para todos los demás, tu éxito les parecerá increíble. Pero a ti te parecerá "un día más de trabajo". Los mejores bateadores de todos los tiempos también tienen muchos *strike-outs* o 'ponchadas', así como hay muchas ofertas fallidas en el historial de los grandes vendedores. Aprendemos habilidades a través del fracaso y la práctica. Lo hacemos sabiendo que nueve de cada diez veces nos vamos a equivocar. Aun así, actuamos con audacia, esperando esa oferta con la que conectemos tan bien que se traducirá en nuestra gran recompensa.

La buena noticia es que en los negocios basta con hacer *una* Oferta Grand Slam para retirarse para siempre. Yo lo hice cuatro o cinco veces en mi vida. En cuanto a mi historial, tengo una rentabilidad de 36:1 de por vida sobre los dólares invertidos en publicidad a lo largo de mi carrera empresarial. Considéralo mi "promedio de bateo" de por vida, por así decirlo. Esto significa que por cada dólar que gasto en publicidad recupero 36, un 3.600% de retorno. Ese es mi *promedio* en ocho años. Y sigo mejorando.

Este libro es mi intento de compartir esta habilidad contigo, con un enfoque específico en la construcción de Ofertas Grand Slam, para que puedas experimentar los mismos niveles de éxito. También es el primero de una serie de libros destinados a guiar a los empresarios hacia la libertad financiera, en pocas palabras: "Dinero, ¡que te jodan!". Los siguientes libros de esta serie profundizarán en cómo conseguir más clientes, convertir más prospectos en clientes, hacer que esos clientes valgan más y otras lecciones que me habría gustado aprender antes al escalar mis negocios.

Problema A: ¿Por qué puede Alex asesorar?
→ Solución A: Credibilidad y relacionabilidad

Relacionabilidad

Empecé mi carrera empresarial durmiendo en el suelo de un gimnasio porque no tenía dinero suficiente para pagar dos alquileres. Con el tiempo crecí hasta tener 6 locales. Luego, perdí todo mi dinero por primera vez debido a una mala asociación (cuento esta historia en *Ofertas de $100M*). Entonces empecé de nuevo haciendo un negocio de reestructuración de un gimnasio llave en mano. Realicé 32 reestructuraciones en dos años. Las cosas se veían bien hasta que perdí todo mi dinero por segunda vez debido a un error en el procesamiento (cuento también esta historia en *Ofertas de $100M*). Sí, perdí todo mi dinero *dos veces*. Así que sé lo que es no tener nada y estar con la espalda contra la pared. Fracasé/cerré nueve negocios en mi carrera antes de lograr el primero realmente grande.

Credibilidad

Mi primer gran éxito, "*Gym Launch*" ("Lanzamiento de Gimnasios"), fue una empresa de licencias para gimnasios. Lo hicimos crecer hasta tener más de 5.000 locales. Lo vendí (junto con su empresa hermana *Prestige Labs*) por 46,2 millones de dólares a los 31 años. Antes de venderlo, había obtenido unos 40.000.000 de dólares en ganancias como propietario. Superé los 100 millones de dólares de patrimonio neto a los 32 años. Ahora soy un inversor con una cartera de empresas que facturan $ 200.000.000 al año.

Lo que me mantuvo con vida en los primeros tiempos -y ha hecho que mis empresas sigan creciendo desde entonces- ha sido mi capacidad para hacer ofertas grand slam (el tema de este cuaderno de trabajo).

Intención

Mi cartera de inversiones es mi trabajo diario. Crear contenido para empresarios es mi actividad secundaria. Hago el contenido para atraer a los dueños de negocios y así poder invertir en sus empresas y ayudarlos a crecer. Por lo general, sólo hago tratos con empresas de más de ~ $ 3.000.000 en ganancias anuales. Para todos los demás, sólo espero que su vida mejore a partir de estas lecciones que me costó demasiado dolor aprender.

Si tienes una empresa, visita acquisition.com para ver si podemos ayudarte a crecer.

Problema B: ¿Por qué los dueños de los negocios están en quiebra?- Ofertas terribles → Solución B: Ofertas Grand Slam

Cómo aprendí a hacer ofertas grand slam

Cuando tenía 23 años, pagué un taller de fin de semana de un gurú de los negocios. Nunca había dirigido un negocio, ni había hecho marketing. No sabía cómo ganar dinero. El gurú, al ver lo perdido que me sentía, me llamó durante el receso. Me preguntó, "¿quieres saber el secreto de las ventas...?". Asentí y me acerqué "...hazle a la gente una oferta tan buena que sientan que son estúpidos si dicen que no".

Aquí es donde aprendí que si simplemente le hacía a la gente ofertas increíbles, podía ganar. No tenía que ser un vendedor increíble. Me bastaba con hacer ofertas increíbles -que he acuñado con la expresión "Ofertas Grand Slam"- y ganar dinero.

HAZ UNA OFERTA TAN BUENA QUE LA GENTE SIENTA QUE ES ESTÚPIDA SI DICE QUE NO.

Y en definitiva ¿Qué es una Oferta?

La *única* forma de hacer negocios es mediante un intercambio de valor, un trueque de dólares por valor. La oferta es lo que inicia este intercambio. En pocas palabras, la oferta son los bienes y servicios que te comprometes a dar o prestar, la forma en que aceptas el pago y las condiciones del acuerdo. Es lo que *inicia* el proceso de conseguir clientes y ganar dinero. Es lo primero con lo que cualquier nuevo cliente interactuará en tu negocio. Dado que la oferta es lo que atrae a nuevos clientes, es la savia vital de tu negocio.

Los dos problemas principales que enfrentan la mayoría de los empresarios y cómo los resuelve este libro

Aunque la lista de problemas a los que te enfrentas *puede* ser kilométrica, lo cual es una buena forma de estresarte, todos estos problemas suelen tener su origen en dos grandes cuestiones:

1) Falta de clientes

2) Falta de liquidez (excedente de beneficios a final de mes).

Hacer una Oferta Grand Slam resuelve ambos problemas. Consigues más clientes potenciales, más ventas, a precios más altos, con beneficios aún mayores. En pocas palabras, si todo el mundo quiere lo que ofreces porque es súper valioso, conseguirás que mucha gente desembolse su dinero para conseguirlo. Esto es mucho mejor que andar regateando por centavos con pocas personas que no quieren lo que tienes. Mejor, ¿verdad? Exacto.

Con esto concluye la introducción. Ahora nos adentraremos en los problemas, y sus soluciones, que la mayoría de las empresas enfrentan con sus ofertas.

CÓMO HACER UNA OFERTA GRAND SLAM

Problema #1: Vendes un producto básico → Solución #1: Diferénciate

"Piensa diferente."
— **Steve Jobs**

Compras impulsadas por el Valor vs. Compras impulsadas por el Precio

Contar con una Oferta Grand Slam ayuda a cumplir los *tres* requisitos fundamentales para crecer: conseguir más clientes, conseguir que paguen más y conseguir que lo hagan más veces.

¿Cómo? Diferenciándote del mercado. En otras palabras, te permite vender tu producto en base al VALOR y no al PRECIO.

Comoditizado = Compras impulsadas por el Precio (una carrera hacia el abismo)

Diferenciado = Compras impulsadas por el Valor (vendes en una categoría única sin comparación. Sí, el mercado importa, lo expondré en el próximo capítulo)

Una mercancía o *commodity*, tal y como yo la defino, es *un producto que está disponible en muchos lugares*. Por esa razón, las compras tienden a basarse en el "precio" en lugar del "valor". Si todos los productos fueran "iguales", entonces el más barato sería el más valioso por defecto. En otras palabras, si un cliente potencial compara tu producto con otro y piensa "son prácticamente iguales, compraré el más barato", entonces te ha comoditizado.

¡Qué vergüenza! En serio... es una de las peores experiencias que puede tener un empresario orientado al valor.

Esto supone un enorme problema para el empresario porque las materias primas se valoran en función de la eficiencia del mercado. Esto significa que el mercado hace bajar el precio a través de la competencia hasta que los márgenes son los *justos* para mantener a la empresa funcionando: "lo justo" para convertirte en esclavo de tu negocio. El negocio gana "lo justo" como para justificar que el dueño espere ansiosamente a que las cosas "mejoren", y para cuando se dan cuenta de esa mentira... ya están demasiado hundidos como para cambiar el rumbo (al menos, hasta ahora).

<u>Una Oferta Grand Slam resuelve este problema.</u>

Ejercicio #1: Compras impulsadas por el Precio vs. por el Valor

Marca con un círculo la letra P o V para indicar cuál de las siguientes fue una compra impulsada por el precio (P) o una compra impulsada por el valor (V):

- Buscar diferentes marcas de suplementos alimenticios en Amazon (P / V)
- Ver un correo electrónico con una oferta en la que no habrías pensado, pero ahora quieres (P / V)
- Un vendedor puerta a puerta que te ofrece venderte paneles solares (P / V)
- En el supermercado mirando diferentes marcas de leche (P / V)
- Llamar a diferentes agencias de publicidad para conocer sus precios (P / V)
- Comprar combustible en la estación de servicio (P / V)
- Comprar un retiro matrimonial único en su especie después de ver un anuncio (P / V)

¿Qué cambia una Oferta Grand Slam?

Bien, empecemos por definir qué es una Oferta Grand Slam.

Es una oferta que presentas al mercado, que no puede compararse con ningún otro producto o servicio disponible. Esto fuerza una decisión impulsada por el <u>valor</u> *antes que* por el precio.

Una Oferta Grand Slam combina una promoción atractiva, una propuesta de valor inigualable, un precio premium y una garantía insuperable con un modelo monetario (condiciones de pago) que te permite *cobrar* por conseguir nuevos clientes... eliminando para siempre la limitación de efectivo para el crecimiento del negocio.

En otras palabras, te permite vender en una "categoría única" o, para aplicar otra gran frase, "vender en un vacío". La decisión de compra resultante para el cliente potencial es ahora entre tu producto <u>*y la nada*</u>. Así que puedes vender al precio que logres que el cliente potencial perciba, sin que lo pueda comparar con ninguna otra cosa. Como resultado, obtienes más clientes, a precios más altos, por menos dinero. Si te gustan los términos de marketing rebuscados, se descompone así:

1) <u>Aumento en las tasas de respuesta (piensa en clics)</u>

2) <u>Aumento de la conversión (piensa en ventas)</u>

3) <u>Precios premium (piensa en cobrar mucho dinero).</u>

Tener una Oferta Grand Slam aumenta los índices de respuesta a tus anuncios (es decir, más personas harán clic o realizarán alguna acción en un anuncio que vean que contiene una Oferta Grand Slam).

Si pagas la misma cantidad por visualizaciones, pero: 1) más gente responde, 2) más de esas respuestas compran y 3) compran a precios más altos, tu negocio *crece*.

<u>Aquí está la clave de todo esto</u>: una empresa hace el *mismo* trabajo en ambos casos (con una oferta comoditizada o una Oferta Grand Slam). El cumplimiento es el mismo. Pero si una empresa usa una Oferta Grand Slam y otra usa una oferta de un "commodity", la Oferta Grand Slam hace que parezca que esa empresa tiene un producto totalmente diferente - y eso significa una compra impulsada por el valor en oposición a una compra impulsada por el precio.

Si tienes una oferta "comoditizada", competirás en precio (una compra impulsada por el precio frente a una compra impulsada por el valor). Sin embargo, tu Oferta Grand Slam obliga al cliente potencial a detenerse y *pensar de forma diferente* para evaluar el valor de tu producto diferenciado. Al hacer esto, te estableces como tu propia categoría, lo que significa que es muy difícil comparar precios, lo que a su vez significa que *tú* recalibras el medidor de valor del cliente potencial.

Ejercicio #2: ¿Qué afecta una nueva oferta?

Marca la casilla correspondiente a las funciones empresariales que se ven afectadas por una nueva oferta:

- ☐ Precios
- ☐ Contabilidad
- ☐ Publicidad
- ☐ Ventas
- ☐ Recursos Humanos

Estudio de un caso real: Antes y después de la Oferta Grand Slam (saltéalo si tienes poco tiempo)

Resumen de antecedentes… una de nuestras empresas es un *software* que utilizan las agencias de publicidad para generar prospectos para sus clientes. Usando este *software*, las agencias transforman su propuesta de una oferta comoditizada de servicios de generación de prospectos en Ofertas Grand Slam de "pago por rendimiento". Permíteme mostrarte el efecto multiplicador que esto tiene en los ingresos de la empresa.

** Aunque están redondeados con fines ilustrativos, estos valores se basan en las cifras reales que experimenta una agencia de generación de prospectos que vende servicios a negocios tradicionales (no virtuales) **

La antigua forma comoditizada (impulsada por el Precio) - Una carrera en descenso

Oferta comoditizada: $1.000 al contado y $1.000 /mes de anticipo por los servicios de la agencia.

Métrica	Commodity	Grand Slam	Explicación
Gastos de publicidad	$10.000		Dólares gastados en publicidad
Impresiones logradas	300.000		Visualizaciones logradas por la publicidad
Índice de respuesta	0,00013		Porcentaje de personas que reservan una cita (Proporción de Clics [o CTR] x % de Suscripciones)
Citas reservadas	40		No. de citas reservadas como resultado
Índice de reservas	75%		Porcentaje de personas que reservan cita
Asistencia efectiva	30		Número de personas que acuden a la cita
% de cierre	16%		% de personas que compran
Citas cerradas	5		No. de personas que compran
Precio	$1.000		Monto inicial que pagan para iniciar el servicio
Total	$5.000		Monto total cobrado en concepto de pago inicial
ROAS	0,5 : 1		Retorno de la Inversión en Publicidad (ROAS)

Desglose: Con una rentabilidad de 0,5 a 1 sobre el gasto en publicidad, pierdes dinero consiguiendo clientes. Pero en 30 días, esos 5 clientes pagarán otros $1.000 cada uno, con lo que llegarás a los $10.000 en total y alcanzarás el punto de equilibrio. Al mes siguiente, los 5.000 dólares que ingreses serán tu primer mes rentable, y todos los meses siguientes serán rentables (suponiendo que todos se queden).

Este es un ejemplo de servicio comoditizado: el trabajo normal de una agencia. Hay un millón de agencias y todas se parecen. A las empresas y ofertas comoditizadas les cuesta más obtener respuestas de los anuncios porque su marketing tiene el mismo aspecto que el de las demás.

Nota: Todo parece igual porque todos hacen la misma oferta.

Nos pagas para que trabajemos.
Trabajamos.
Tal vez obtengas resultados de ese trabajo. Tal vez no.

Es razonable, pero se duplica fácilmente (y está sujeto a la comoditización). *Esta comoditización crea una compra impulsada por el precio...*

Te ves obligado a fijar precios "competitivos" para conseguir clientes *y* a quedarte así para conservarlos. Si el cliente ve una versión más barata de "lo mismo", la discrepancia de valor lo hará cambiar de proveedor. Se trata de un dilema... perder a este cliente, al resto de tus clientes y a los clientes potenciales, o seguir siendo "competitivo". Tus márgenes se reducen tanto que *desaparecen*.

Además, es difícil conseguir que los clientes potenciales digan que sí (y que *sigan* diciendo que sí) a menos que estés súper atento a que los clientes no conviertan tu negocio en un producto comoditizado manteniéndote "competitivo". Y ése es el problema de la antigua forma comoditizada. Ellos pueden comparar. Pero, a menos que cambies a una Oferta Grand Slam, tus precios seguirán bajando. El negocio acaba muriendo o el empresario tira la toalla. Y eso no es bueno.

Queremos proponer una oferta tan diferente que puedas saltearte la incómoda explicación de por qué tu producto es distinto al de los demás (y, si tienen que preguntar, es que probablemente sean demasiado ignorantes como para entender la explicación) y, en su lugar, dejar que la oferta haga ese trabajo por ti. Así es la Oferta Grand Slam.

Veamos el contraste en las cifras de ventas.

Nueva forma con una Oferta Grand Slam (Diferenciada, Incomparable) (Orientada al Valor)

Oferta Grand Slam: Se paga una sola vez. (Sin cuota recurrente. Sin adelantos.) Sólo cubre el gasto en publicidad. Voy a generar clientes potenciales y a trabajar con ellos por ti. Sólo me pagas si se presenta alguien. Y te garantizo que conseguirás 20 personas en tu primer mes, de lo contrario, el próximo mes será gratis. También te proporcionaré las mejores prácticas de otros negocios como el tuyo.

- Coaching de ventas diario para tu personal

- Guiones comprobados

- Puntos de precios y ofertas probadas para implementar

- Grabaciones de ventas

... y todo lo demás que necesites para vender y satisfacer a tus clientes. Te daré el plan completo para (inserta la industria correspondiente), totalmente gratis, sólo por convertirte en cliente.

En pocas palabras, estoy ingresando personas a tu negocio, mostrándote exactamente cómo venderles para que puedas obtener los precios más altos, lo que significa que ganarás la mayor cantidad de dinero posible... ¿te parece justo?

Está claro que son ofertas drásticamente diferentes... Pero ¿y qué? ¡¿Dónde está el dinero!? Comparemos ambas ofertas en la siguiente tabla.

Métrica	Commodity	Grand Slam	Diferencia
Gastos de publicidad	$10.000	$10.000	Sin variaciones
Impresiones logradas	300.000	300.000	Sin variaciones
Índice de respuesta	0,00013	0,00033	**Respuesta x2,5 (más atractivo, por lo tanto, mayor respuesta)**
Citas reservadas	40	100	Resultado
Índice de reservas	75%	75%	Sin variaciones
Asistencia efectiva	30	75	Resultado
% de Cierre	16%	37%	**Cierre x2,3 (más valor, por lo tanto, más compras)**
Citas cerradas	5	28	Resultado
Precio	$1.000	$3.997	**Precio x4 (tasa única vs. recurrente)**
Total	$5.000	$112.000	**Pago inicial cobrado x22,4**
ROAS	0,5 : 1	11,2 : 1	**Cobra por conseguir clientes**

Desglose: Gastas la misma cantidad de dinero por las mismas visualizaciones. A continuación, consigues que 2,5 veces más personas respondan a tu anuncio porque la oferta es mucho más atractiva. A partir de ahí, cierras 2,5 veces más ventas porque la oferta es mucho más atractiva. Además, puedes cobrar un precio 4 veces mayor por adelantado. El resultado final es 2,5 x 2,5 x 4 = 22,4 veces más dinero cobrado por adelantado. Sí, gastaste $10.000 para ganar $112.000. Acabas de *ganar dinero* consiguiendo nuevos clientes.

Comparación: ¿Recuerdas la antigua forma, en la que perdías la mitad del gasto en publicidad por adelantado? Con el nuevo método, ganas *más* dinero *y* consigues *más* clientes. Esto significa que tu costo de adquirir un cliente es tan bajo (en relación con lo que ganas) que tu factor limitante pasa a ser tu capacidad para hacer el trabajo que ya te gusta hacer. El flujo de caja y la adquisición de clientes ya no son tu cuello de botella porque es 22,4 veces más rentable que el modelo anterior. Así es. Leíste bien. Esta es la parte de la película de acción en la que te alejas de una explosión en cámara lenta.

Esta es exactamente la Oferta Grand Slam que utilizamos en nuestra empresa de software para agencias. Las cifras pueden volverse salvajes... rápidamente. Sé que 22,4 veces mejor suena poco razonable, pero esa es la cuestión. Si juegas el mismo juego que todos los demás, obtendrás los mismos resultados que todos los demás (mediocres).

Cuando lo haces bien, los resultados son, bueno... increíbles.

Resumiendo

- El problema de la comoditización y de ser igual que los demás

- Decisiones de compra basadas en el precio frente a decisiones de compra basadas en el valor

- El valor de una Oferta Grand Slam es que no se compara con nada más disponible en el mercado

- Impacto en la vida real de hacer una Oferta Grand Slam

REGALO No. 1. TUTORIAL GRATUITO: "EMPIEZA AQUÍ"

Si deseas una inmersión más profunda, dirígete a Acquisition.com/training/offers y mira el primer video del curso gratuito (protagonizado por este servidor) sobre cómo diferencio las ofertas en las empresas a las que asesoro y consigo que cobren precios premium. También he creado algunos Procedimientos Operativos Estándar (SOP)/Códigos de Trucos gratuitos para que los utilices y puedas implementarlos más rápido. También puedes escanear el Código QR si no quieres escribir. Es totalmente gratis. ¡Que lo disfrutes!

Problema #2: Malos clientes Solución → #2: Una multitud hambrienta

La semilla que cayó en buena tierra representa a aquellos que verdaderamente escuchan y entienden la palabra de Dios y producen una cosecha de treinta, sesenta, ¡o incluso cien veces más de lo que se había sembrado!"
— Mateo 13:23 (Nueva Traducción)

Una gran oferta presentada al público equivocado caerá en saco roto. Por otro lado, si aciertas con el mercado, puedes equivocarte en todo lo demás y seguir ganando dinero. Este capítulo se centra en la elección del mercado adecuado.

Un cuento corto

Un profesor de marketing preguntó a sus alumnos: "Si fuesen a abrir un puesto de salchichas y sólo pudieran tener *una* ventaja sobre sus competidores… ¿cuál sería?"

"¡La ubicación!… ¡La calidad!… Precios bajos… ¡Mejor sabor!"

Los alumnos siguieron hasta que se les acabaron las respuestas. Se miraron unos a otros esperando que el profesor hablara. Por fin hicieron silencio.

El profesor sonrió y contestó: *"Una multitud hambrienta".*

Puedes tener las peores salchichas, unos precios terribles y estar en un lugar espantoso, pero si eres el único puesto de salchichas de la ciudad y empieza el partido de fútbol de la universidad local, vas a agotar la mercadería. Ese es el valor de un público hambriento.

Al fin y al cabo, si hay mucha demanda por una solución, puedes ser mediocre en los negocios, tener una oferta terrible y carecer de habilidad para convencer a la gente, y *aun así* ganar dinero.

Un ejemplo de esto fue la escasez de papel higiénico a principios de la pandemia del Covid-19. No había oferta. El precio era escandaloso. Y no había ningún argumento de venta convincente. Pero como el público era tan numeroso y estaba tan desesperado, los rollos de papel higiénico se vendían a 100 dólares o más. Ese es el valor de una multitud hambrienta.

Estudio de caso: Venta de periódicos

Ejemplo de malos clientes: Uno de mis amigos, Lloyd, tuvo una empresa de software que convertía productos publicitarios impresos para periódicos en anuncios digitales. Estaba modernizando un negocio antiguo. A pesar de ser un gran empresario, tuvo grandes dificultades para hacerlo crecer. Razón principal: ¡la industria de los periódicos estaba decreciendo un 25% al año! No importa lo bueno que seas, el mercado es siempre la palanca más fuerte para tu éxito.

Ejemplo de multitud hambrienta: En el otro extremo, aunque seas un pésimo empresario sin experiencia, si vendiste papel higiénico durante la pandemia de COVID, hiciste dinero.

Punto Principal: Tu mercado importa.

¿Cómo elegir el mercado adecuado?

Qué buscar en un mercado

Para vender cualquier cosa necesitas demanda. No estamos intentando *crear* demanda. Intentamos *canalizarla*. Si no tienes un mercado para tu oferta, nada de lo que venga después funcionará.

Todo este libro se basa en la suposición de que tienes al menos un mercado "normal", que yo defino como un mercado que está creciendo al mismo ritmo que el mercado en general.

Dicho esto, tener un gran mercado es una ventaja. <u>Pero se puede estar en un mercado normal que crece a un ritmo promedio y aun así ganar mucho dinero.</u> Todos los mercados en los que he estado han sido normales. *De verdad*, no querrás venderle hielo a los esquimales.

Aquí están los cuatro principios básicos de lo que busco en los mercados:

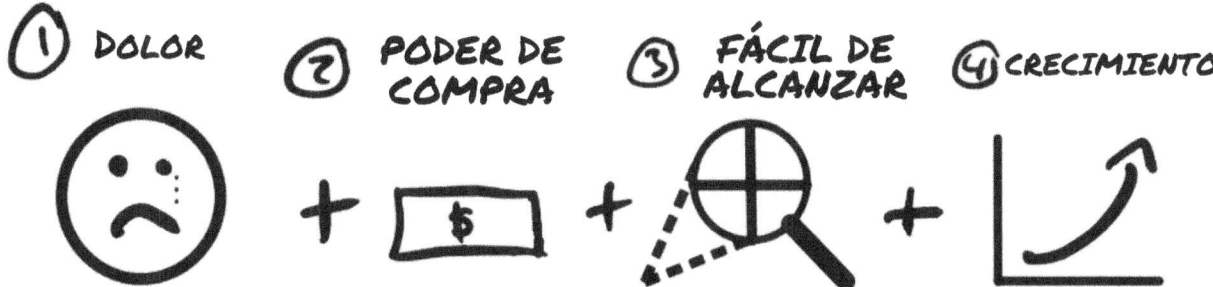

1) Dolor masivo: El dolor puede ser cualquier cosa que frustre a las personas en sus vidas. Estar quebrado es doloroso. Un mal matrimonio es doloroso. Esperar en la cola del supermercado es doloroso. Dolor de espalda... dolor de tener una sonrisa fea... dolor de tener sobrepeso... Los seres humanos sufren mucho. Así que para nosotros, los empresarios, las oportunidades son infinitas.

El grado de dolor será proporcional al precio que podrás cobrar (veremos más sobre esto en el capítulo La ecuación del valor). Cuando escuchen la solución a su dolor e, inversamente, cómo sería su vida *sin* ese dolor, se sentirán atraídos por tu solución.

Un cliente potencial debe tener un problema doloroso para que podamos resolverlo y cobrar dinero por nuestra solución.

2) Poder Adquisitivo: Un amigo mío tenía un sistema muy bueno para ayudar a la gente a mejorar sus currículums y así conseguir más entrevistas de trabajo. Lo hacía muy bien. Pero por mucho que lo intentaba, no conseguía que la gente le pagara por sus servicios. ¿Por qué? ¡Porque todos estaban desempleados!

Esto, de nuevo, puede parecer obvio. Pero él pensó: *"Estas personas son fáciles de alcanzar. Sufren mucho. Son muchos y cada vez son más. ¡Este es un gran mercado!"*.

Pero olvidó un punto crucial: <u>tu público tiene que poder pagar el servicio por el que le cobras</u>. Asegúrate de que tus destinatarios tengan el dinero o acceso a la cantidad de dinero necesaria para comprar tus servicios a los precios que tú exiges para que tu tiempo valga.

3) Fácil de Captar: Tienes que poder dirigirte a tus clientes ideales. Por ejemplo, puede que *quieras* atender a médicos ricos. Pero si tus anuncios se muestran a estudiantes de enfermería, tu oferta caerá en saco roto, por muy buena que sea.

<u>Si tengo que elegir entre dos mercados, elegiré aquel en el que es más fácil   anunciarme.</u>

4) En crecimiento: Los mercados en crecimiento son como un viento a favor. Hacen que todo avance más rápido. Los mercados en declive son como vientos en contra. Dificultan todos los esfuerzos. Encuentra un mercado que ya esté creciendo y crecerás más rápido de lo que lo harías participando en él.

Ejemplo: En el momento de escribir estas líneas, hay más personas que nunca luchando contra la infertilidad. Una empresa que resuelva este problema tiene más posibilidades que otra que se dirija a un mercado en retroceso, como los periódicos.

> ### Ejercicio #3: ¿Qué hace que un mercado sea bueno?
>
> Marca todas las variables que influyen en la elección de un mercado:
>
> - Tecnología
> - Tasa de crecimiento
> - Renta disponible
> - Facilidad de búsqueda en plataformas
> - Necesidad del producto
> - Equipo
> - Mentalidad

¿Qué tan importante es esto? Las tres palancas para el éxito

Es poco probable que te encuentres en un mercado en declive como el del ejemplo de los periódicos. Tampoco es probable que vayas a vender papel higiénico en una pandemia de COVID (frenesí de compra). Lo más probable es que estés en un mercado "normal". Y eso está muy bien. En los mercados normales se puede hacer fortuna. Mi único punto aquí es que no puedes estar en un "mal" mercado, o nada va a funcionar. Dicho esto, aquí tienes la ilustración más sencilla del orden de importancia entre los mercados, las ofertas y las habilidades de persuasión:

Multitud hambrienta (mercado) > Fuerza de la oferta > Habilidades de persuasión

Esta idea trata de tres cosas importantes a la hora de vender algo:

1) Las personas a las que vendes (mercado)

2) Lo que vendes (oferta)

3) Cuán bueno eres convenciendo a la gente (persuasión).

1. **Si Estás en un mercado fantástico**: Es como venderle bocadillos a una multitud de gente hambrienta. Aunque lo que vendas no sea muy bueno y no seas el mejor convenciendo, probablemente igual vendas mucho porque la gente realmente quiere lo que tienes.

2. **Mercado normal, pero vendes un producto fabuloso**: Si vendes algo realmente interesante o útil, puedes ganar mucho dinero aunque no seas el mejor convenciendo a la gente y el mercado esté simplemente bien.

3. **Mercado normal y producto normal, pero eres muy bueno convenciendo**: Si eres realmente bueno en persuadir a la gente, te puede ir bien, aunque lo que vendas y las personas a las que se lo vendas sean normales. Pero este camino es más difícil y requiere más trabajo.

Conclusión: Lo mejor sería encontrar primero un mercado realmente bueno, luego, asegurarte de que lo que vendes sea excelente y también de ser bueno convenciendo a la gente para que lo compre. Cada parte es importante, pero algunas son más importantes que otras.

Ejercicio #4: ¿Qué es lo más importante?

Clasifica los siguientes aspectos por orden de importancia del 1 a 3.

_____ Habilidades de marketing y ventas

_____ Fuerza de la oferta

_____ Oferta - Demanda

Una vez que elijas tu nicho, comprométete con él

Con demasiada frecuencia, un emprendedor novato prueba *una* oferta en *un* mercado de manera poco comprometida, no gana un millón de dólares. Entonces piensa erróneamente, "este es un mal mercado". La mayoría de las veces no es así. Simplemente todavía no encontró una Oferta Grand Slam para aplicar a ese mercado.

Pueden pensar: *voy a pasar de ayudar a los dentistas a ayudar a los quiroprácticos, ¡eso es!* Cuando, en realidad, ambos son mercados normales y representan miles de millones de dólares en ingresos. Cualquiera de los dos funcionaría, *pero no los dos*. Hay que elegir *uno*. Así que, elige y después comprométete.

La riqueza está en los nichos

La otra razón para comprometerte con el nicho es lo mucho que ganarás. En pocas palabras, reducirte a un nicho hará que ganes mucho más dinero.

> **Nota del Autor:** Si ya tienes unos ingresos anuales de más de 10 millones de dólares, puede que te convenga ampliar tu nicho o entrar en un mercado adyacente. Este consejo sobre nichos de mercado es especialmente importante para aquellos con ingresos menores a $ 10.000.000 al año.

Razón: Puedes cobrar literalmente 100 veces más por el mismo producto. Permíteme ilustrarlo:

<u>Fijación de Precios para un Nicho:</u>

<u>Ejemplo</u>

Producto	Precio
Gestión del tiempo	$19
Gestión del tiempo para profesionales de ventas	$99
Gestión del tiempo para ventas de empresa a empresa (o B2B, por sus siglas en inglés)	$499
Gestión del tiempo para representantes de ventas B2B de herramientas eléctricas y de jardinería	$1997

Dan Kennedy utiliza este ejemplo para enseñar el poder de la fijación de precios por nicho. Los cuatro son productos más o menos idénticos. Pero, si eliges a la persona adecuada para comercializarlo, puedes cobrar 100 veces más dinero por lo mismo. En cada nivel nos volvemos más específicos y nuestros precios reflejan este mayor nivel de personalización.

Ejercicio #5: Elige Tu Nicho, 4 niveles de profundidad.

Indica tu producto actual: _____

Añade un enfoque de categoría: _____

Añade una subcategoría: _____

Reescribe el nuevo nicho: _____

_____

Resumen:

El propósito de este capítulo es reforzar <u>tres</u> cosas.

Primero, no elijas un *mal* mercado. Los mercados normales están bien. Los mercados fantásticos son fantásticos.

Segundo, una vez que elijas, comprométete con él hasta entender cómo funciona.

Tercero, si estás empezando, sé específico acerca de lo que quieres ofrecer. Ser específico está bien. Te permite cobrar más por la misma cosa para obtener un mayor flujo de caja para entender lo que estás haciendo.

REGALO No. 2. TUTORIAL DE MERCADOS GANADORES

Si quieres saber más sobre cómo elijo los mercados y encuentro nichos rentables, visita el curso en Acquisition.com/training/offers y mira "Winning Markets" (Mercados Ganadores) para ver un breve video tutorial. He incluido una lista de verificación gratuita para que puedas evaluar tu mercado o nicho. También puedes escanear el código QR si no te gusta teclear. Es totalmente gratis. ¡Que lo disfrutes!

Problema #3: Precios bajos → Solución #3: Precios premium

"Cobra el precio más alto que puedas decir en voz alta sin esbozar una sonrisa."
— **Dan Kennedy**

Una foto de la Cumbre de Gym Lords 2019 para nuestros dueños de gimnasios de más alto nivel, todos luciendo mi bigote de moda.

Cada una de las personas de la foto pagó 42.000 dólares por estar en la sala. Le mostré la foto a mi padre y me preguntó si *ellos* sabían cuánto habían pagado. Por supuesto que lo sabían. Él no podía imaginarse pagando por algo así. En otras palabras, entendía el PRECIO pero no el VALOR.

La razón por la que las personas compran *cualquier* cosa es porque creen que están haciendo un *buen negocio*. Creen que lo que reciben (VALOR) vale *más* que lo que dan a cambio (PRECIO). En el momento en que el valor que reciben cae por debajo de lo que pagan, dejan de comprarte. Esta discrepancia entre precio y valor es lo que debes evitar a toda costa.

Al fin y al cabo, como dijo Warren Buffet, "El precio es lo que pagas. El valor es lo que obtienes".

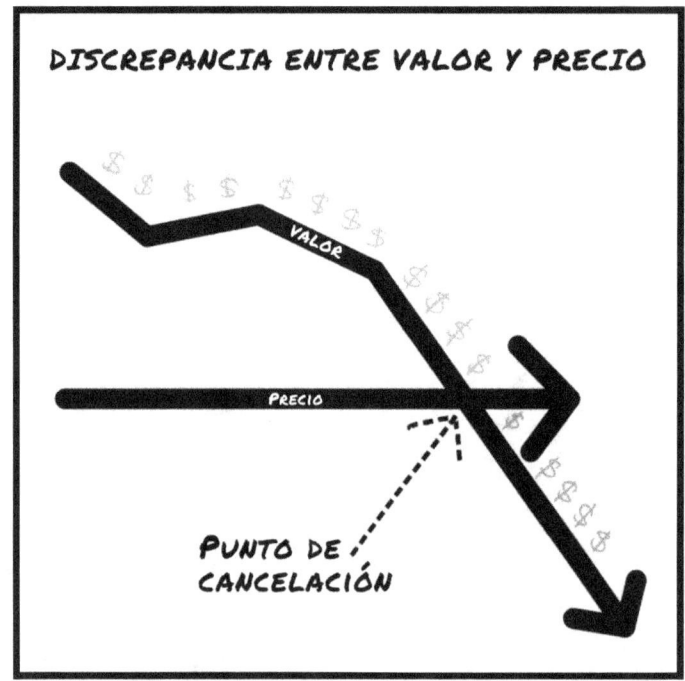

1) La forma más simple de aumentar la brecha entre precio y valor es bajando el precio. También, la mayoría de las veces, es la decisión equivocada para el negocio.

2) La otra manera es aumentar tu valor. De este manera, los clientes seguirán haciendo un gran negocio (piensa en comprar 100.000 dólares de valor por $10.000). Es recibir 'dinero con descuento'.

Como dijo Dan Kennedy: "No hay ningún beneficio estratégico en ser el segundo más barato del mercado, pero sí lo hay en ser el más caro".

Permíteme mostrarte el porqué…

Ejercicio #6: Discrepancia entre Precio y Valor

Para ampliar la discrepancia entre precio y valor, marca algunas acciones apropiadas:

- ☐ Ofrecer descuentos
- ☐ Precios más bajos
- ☐ Añadir garantías
- ☐ Agregar características/servicios
- ☐ Proporcionar una entrega más rápida

Ciclo virtuoso del precio

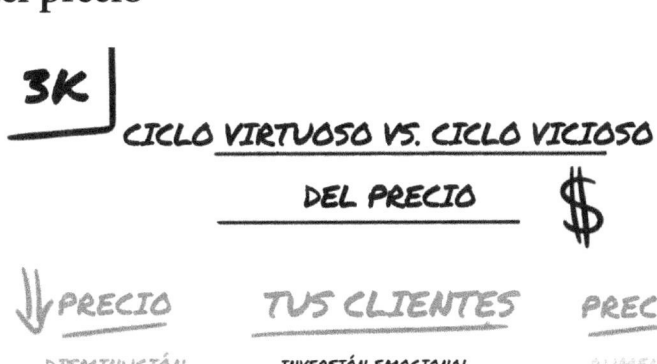

Esta es la premisa básica de por qué *tienes* que cobrar más si quieres servir mejor a tus clientes.

Cuando bajas el precio...

... disminuyes la inversión emocional de tus clientes, porque no les costó mucho.

... disminuyes el valor percibido de tu servicio por parte de tus clientes, porque no puedes ser tan bueno si eres tan barato o tienes el mismo precio que los demás.

... disminuyes los resultados de tus clientes porque no valoran tu servicio y no invierten en él.

... atraes a los peores clientes que *nunca* están satisfechos hasta que tu servicio sea *gratuito*.

... destruyes cualquier margen que te quede para poder ofrecer realmente una experiencia excepcional, contratar a los mejores, invertir en tu gente, mimar a tus clientes, invertir en crecimiento, invertir en más locales o ampliar tu negocio, y todo lo demás que esperabas con el objetivo de ayudar a más gente a resolver el problema que resuelves.

En esencia, tu situación apesta.

Aquí tienes la contraparte. Esto es lo que sucede cuando subes los precios.

Cuando subes los precios...

... *Aumentas* la inversión emocional de tus clientes

... *Aumenta* el valor percibido de tu servicio por parte de los clientes

... *Aumentan* los resultados de tus clientes porque valoran tu servicio e invierten en él.

... Atraes a los *mejores* clientes, que son los más *fáciles* de satisfacer y, de hecho, cuesta *menos* cumplir con ellos ya que son los que tienen más probabilidades de recibir y percibir el mayor valor relativo.

... *Multiplicas* tu margen porque tienes dinero para *invertir* en sistemas para crear eficiencia; en personal inteligente; en mejorar la experiencia del cliente; en expandir tu negocio; y, lo más importante de todo, para seguir viendo cómo aumenta la cifra de tu cuenta bancaria personal, mes a mes, incluso reinvirtiendo en tu negocio. Esto te permite disfrutar del proceso a largo plazo y ayudar a más gente a medida que creces, en lugar de consumirte y caer en la oscuridad.

Para inclinar aún más la balanza a favor de los precios más altos, aquí tienes algunos conceptos interesantes. Cuando subes el precio, aumentas el valor que recibe el consumidor sin cambiar nada más sobre tu producto. ¿En serio? Sí.

Ejercicio #7: Aumento de precios

¿Cuáles de los siguientes suceden cuando subes los precios?

- ☐ Se vende a más clientes
- ☐ Se vende a mejores clientes
- ☐ Se obtienen mejores resultados de las personas
- ☐ Menor inversión emocional de los clientes
- ☐ Se obtienen más ganancias
- ☐ Se gana más que la competencia
- ☐ Se vuelve más difícil atraer a empleados con talento

Un precio más alto, significa un mayor valor (literalmente)

Estudio: Se realizó una prueba en la que se le pidió a determinadas personas que cataran tres vinos, con los precios a la vista: uno barato, uno intermedio y uno caro. Las personas calificaron los vinos en el orden de los precios. Lo que no sabían es que los tres eran el mismo vino.

Esto significa que el precio efectivamente aumenta el valor percibido de lo que vendes. Por lo tanto, puedes hacer que las personas perciban tu producto como más valioso simplemente aumentando el precio. Es más, cuanto más alto sea el precio, más atractivo será tu producto o servicio. La gente *quiere* comprar cosas caras. Sólo necesitan una razón. Y el objetivo no es solo estar ligeramente por encima del precio del mercado: el objetivo es estar tan por encima que el consumidor piense: "Esto es mucho más caro, aquí debe de haber algo completamente diferente".

Así es como se crea una categoría única. En este nuevo mercado percibido tú eres un monopolio y puedes tener ganancias monopólicas. Ese es el punto.

Además, si ofreces un servicio en el que el cliente tiene que hacer algo para conseguir el resultado, cobrar más aumenta la inversión emocional de las personas. Por lo tanto, si deseas tener un mayor porcentaje de éxito, aumenta tus precios.

Resumiendo

1) Cobra precios premium porque:

    a) Nadie gana en una carrera a la baja.

    b) Puedes utilizar las ganancias adicionales para mejorar tu producto superando el de los demás.

    c) Consigues mejores clientes.

    d) Atraes a mejores talentos.

    e) Tienes más convicciones.

    f) Tus clientes se implican más emocionalmente.

    g) Automáticamente te percibirán como de mayor valor (ejemplo del vino)

2) No tengas miedo de hacerlo.

REGALO No. 3 TUTORIAL Y DESCARGAS GRATUITAS:
Cobra lo que vale

Si quieres saber cómo creo discrepancias de valor para productos B2B o B2C dirígete al curso en Acquisition.com/training/offers y luego mira "Charge what it's worth" (Cobra lo que vale) para ver un breve tutorial en video. Mi objetivo es ganarme tu confianza y ofrecerte valor por adelantado. También puedes escanear el código QR si no quieres escribir. Como tal, es totalmente gratuito. ¡Que lo disfrutes!

Problema #4: Tu producto no es valioso
→ Solución #4: Hazlo Valer

Oferta de valor: La ecuación del valor

"Cuestionamos todas nuestras creencias, menos aquellas en las que realmente creemos, y que nunca pensamos en cuestionar".
— Orson Scott Card

Para cobrar grandes sumas de dinero, tienes que aportar aún más valor. La ecuación anterior muestra la relación entre los cuatro impulsores de valor.

Dos de los impulsores (en la parte superior) deben aumentar. Los otros dos (en la parte inferior), querrás reducirlos.

(Sííí) Resultado soñado (objetivo: Aumentar)

(Sííí) Probabilidad de éxito percibida (objetivo: Aumentar)

(Buuu) Tiempo percibido entre el inicio y el logro (objetivo: Disminuir)

(Buuu) Esfuerzo y sacrificio percibidos (objetivo: Disminuir)

Estos impulsores de valor suelen corresponder con las preguntas que te hará un posible cliente cuando esté intentando determinar si tu oferta "vale la pena".

¿Qué voy a conseguir? y/o *¿Qué va a pasar?* (Resultado Soñado)

¿Cómo sabré que sucederá? (Probabilidad de Éxito Percibida)

¿Cuánto tiempo me llevará? (Tiempo de Espera)

¿Qué se espera de mí? (Esfuerzo y Sacrificio)

Lleva la parte inferior de la ecuación a cero

Los principiantes se concentran en hacer grandes promesas y en mostrar más testimonios.

Los vendedores profesionales se centran en hacer que las cosas fluyan sin esfuerzo y de manera inmediata.

La razón: no importa cuán pequeño sea el valor en la parte superior de la ecuación, cualquier cosa dividida por cero es igual a infinito (lo cual técnicamente significa indefinido, para los *nerds* de las matemáticas). En otras palabras, si puedes reducir a cero el tiempo real que tardan tus clientes potenciales en recibir el valor (es decir, si consigues el resultado soñado de inmediato), y su esfuerzo y sacrificio es cero, tienes un producto infinitamente valioso. Si lo consigues, ganas el juego.

Según este postulado, un cliente potencial (en teoría) te compraría algo, y en el momento en que se debitara el monto de su tarjeta de crédito, su compra se convertiría inmediatamente en su realidad. *Eso* es valor infinito.

Imagínate que pulsas el botón de compra de un producto para adelgazar y al instante ves cómo tu abdomen se reduce y se te marcan los abdominales. O imagínate que contratas a una empresa de marketing y, en cuanto firmas el contrato, tu teléfono empieza a sonar con nuevos clientes potenciales altamente calificados. ¿Qué valor tendrían estos productos/servicios? Serían infinitamente valiosos. Ese es el punto.

Ejercicio #8: ¿Cuáles de las siguientes afirmaciones se aplica a llevar la parte inferior de la ecuación a cero?

- ☐ Respuesta más rápida del soporte al cliente
- ☐ Pago al recibir el producto o servicio
- ☐ Testimonios
- ☐ Garantías
- ☐ Envío sorpresa al día siguiente
- ☐ Formularios pre-rellenados
- ☐ Incorporación inmediata y personalizada

La percepción es la realidad

Para todos los factores impulsores de valor, no se trata de lo que tú creas que son, o de lo que realmente son, sino de lo que tu cliente potencial *cree* que son. Por eso, debes comunicar estos factores de valor en un lenguaje que ellos puedan entender para que *perciban* el valor.

Ejemplo: El sistema de túneles de Londres

El mayor aumento de la satisfacción de los usuarios (*también conocido como: el valor*) nunca se debió a los trenes más rápidos que redujeran los tiempos de espera. En su lugar, fue un simple mapa de puntos que les indicaba cuándo llegaría el próximo tren y cuánto tiempo tendrían que esperar. El mapa de puntos, que sólo costó unos pocos millones de dólares, disminuyó la *percepción* sobre el tiempo de espera y el sacrificio de los pasajeros (el aburrimiento mientras esperaban) más que hacer los trenes más rápidos (lo cual costaría miles de millones de dólares). ¿No es genial? Así es como debemos pensar sobre nuestros productos.

Soluciones lógicas vs. soluciones psicológicas

La mayoría de las personas intenta resolver los problemas utilizando soluciones *lógicas*. Pero las soluciones lógicas normalmente ya se han intentado... porque son lógicas (es lo que todo el mundo haría o intentaría hacer).

Como empresario y emprendedor cada vez me inclino más por abordar los problemas buscando soluciones *psicológicas*, en lugar de *lógicas*. Porque si hubiera una solución lógica, probablemente ya se habría resuelto, eliminando así el problema. Todo lo que queda son los problemas *psicológicos*.

<u>Ejemplos inspirados en Rory Sutherland, Gerente de Marketing de Ogilvy Advertising:</u>

"Cualquier tonto puede vender un producto ofreciéndolo con descuento, hace falta un gran marketing para vender el mismo producto a un precio premium".

Trenes

- Solución lógica: hacer que los trenes sean más rápidos para aumentar la satisfacción

- Solución psicológica: disminuir el dolor de la espera añadiendo un mapa de puntos

- Solución psicológica: pagar a modelos para que sean las azafatas del viaje (¡la gente desearía tardar más en llegar a su destino!)

Ascensores

- Solución lógica: hacer que el ascensor sea más rápido

- Solución psicológica: añadir espejos del piso al techo para que la gente se distraiga mirándose y olvide cuánto tiempo ha estado en el ascensor

Precios

- Solución lógica: hacerlo más barato

- Solución psicológica: tener menos unidades disponibles y subir el precio, haciendo que la gente lo desee más

A menudo, las soluciones más lógicas se han probado y han fracasado. En este momento de la historia debemos dar una oportunidad a las soluciones psicológicas para resolver los problemas.

#1 Resultado soñado (Objetivo = Aumentarlo)

El resultado soñado es lo que ellos desean. Generalmente esto es:

… Ser percibidos como bellos

… Ser respetados

… Ser percibidos como poderosos

… Ser amados

… Aumentar su estatus

Todos estos son motores poderosos.

Es importante acotar que diferentes ofertas pueden intentar cumplir el mismo resultado. Tomemos como ejemplo el deseo de *"ser percibido como bello"*, aquí hay muchos productos o servicios que apelan a este deseo:

Maquillaje

Cremas/serums antiedad

Suplementos

Ropa moldeadora

Cirugía plástica

Fitness

→ Todos estos vehículos canalizan el deseo de *ser percibidos como bellos*.

Muchas veces, los resultados soñados, en esencia, reflejan un aumento en la posición social (estatus) dentro del propio grupo.

Dos ofertas, diferentes resultados soñados: El impulsor de valor del resultado soñado se utiliza sobre todo al comparar el valor relativo de la *satisfacción de dos deseos distintos*.

Ejemplo de distintos resultados soñados: para muchos hombres, ganar dinero es más importante que ser guapo. ¿Por qué? Porque el dinero les da más estatus ante hombres y mujeres que estar en forma. Esto significaría que, como categoría, los hombres que se sienten así probablemente darán más importancia a las ofertas que los ayuden a conseguir el resultado soñado de "ganar dinero" que el resultado soñado de "ponerse en forma".

Dos ofertas, el mismo resultado soñado: al comparar dos productos o servicios que satisfacen el *mismo* deseo, el valor de los resultados soñados se anulará (puesto que son iguales). Serán las otras tres variables las que determinen la diferencia de valor percibido y, en última instancia, el precio.

Ejemplo del mismo resultado soñado: si tenemos dos productos o servicios y ambos ayudan a embellecer a alguien, serán la probabilidad de éxito, el tiempo de espera y el esfuerzo requerido lo que diferenciará el valor percibido de cada oferta.

En pocas palabras: si dos cosas hacen bella a una persona, ¿qué hace que una valga 50.000 dólares y otra 5? Respuesta: la magnitud de las otras tres variables de valor.

#2 Probabilidad de éxito percibida (Objetivo = Aumentarla)

Las personas valoran la seguridad. Están dispuestas a pagar más por ella. Yo lo llamo "la probabilidad de éxito percibida". En otras palabras: "¿Qué probabilidad creo que tengo de conseguir el resultado que busco si hago esta compra?". En otras palabras, lo opuesto al *riesgo*.

Ejemplo: ¿Cuánto pagarías por ser el paciente número 10.000 de un cirujano plástico en lugar del primero? Respuesta: mucho más. ¿Por qué? Porque aunque técnicamente utilicen el mismo procedimiento, tu probabilidad de éxito percibida es mucho mayor. Y estás dispuesto a pagar un precio más alto por ello para *disminuir tu riesgo.*

Conclusión: Aumentar la convicción de un posible cliente de que tu oferta "realmente" funcionará para él, hará que tu oferta sea mucho más valiosa, aunque el trabajo que realices tú siga siendo el mismo. Comunicas la probabilidad de éxito percibida a través de: pruebas sociales (piensa en testimonios), garantías (piensa en "si el cliente no obtiene x, le doy y") y autoridad de terceros (piensa en títulos o grados).

Ejercicio #9: Aumento de la certeza y disminución del riesgo

Indica todas las opciones que correspondan:

- ☐ Contar tu historia de superación y relacionarla con la de ellos
- ☐ Testimonios
- ☐ Reseñas de 5 estrellas
- ☐ Certificaciones/títulos/acreditaciones de terceros
- ☐ Números, estadísticas, investigaciones que respalden el resultado que quieres que crean
- ☐ Expertos que nos avalen
- ☐ Característica única que explique por qué fracasaron antes
- ☐ Aval de famosos
- ☐ Garantías
- ☐ Demostraciones en vivo antes de la compra

#3 Tiempo de espera (Objetivo = Reducirlo)

El tiempo de espera *es el tiempo que transcurre entre que un cliente compra y recibe el beneficio prometido*. Cuanto menor sea la distancia entre el momento de la compra y el momento en que el cliente recibe el valor o el resultado, más valiosos serán tus servicios o productos. En otras palabras, la *velocidad* importa.

Ejemplo de tiempo de espera: es la razón por la que las personas pagarán $25.000 para obtener resultados inmediatos con una liposucción, mientras que apenas pagarán $29/mes por una membresía en un gimnasio para esperar de 12 a 24 meses para obtener resultados. 12 a 24 meses para conseguir lo que quieres es *mucho* tiempo cuando puedes hacer una liposucción y terminar en una tarde. Mismo resultado. Diferentes velocidades. Precios muy diferentes que la gente está dispuesta a pagar.

Este impulsor tiene dos elementos:

Resultado a largo plazo: cuánto tardan en llegar a su meta.

Experiencia a corto plazo: el tiempo que tardan en obtener *algún* beneficio.

Idealmente: deberíamos crear una victoria emocional lo más rápido posible. Esto es todavía más importante si vendes un resultado que los clientes tardan mucho en experimentar. Lo ideal es dividirlo en "pequeñas victorias" que puedas ofrecer por etapas.

Ejemplo de experiencia a corto plazo: si le vendo a alguien un cuerpo escultural, el tiempo para lograr ese resultado podría ser de 12 meses o incluso más. En el camino, sin embargo, a medida que su cuerpo vaya cambiando, podría experimentar un mayor deseo sexual, más energía y agrandar su comunidad de amigos.

Inicialmente, no están comprando esas cosas, pero esos beneficios a corto plazo pueden mantenerlos motivados el tiempo suficiente para lograr su objetivo final.

Esto también está respaldado por la ciencia. Las personas que experimentan una victoria al principio, tienen más probabilidades de continuar con algo que las que no lo hacen.

Siguiendo con nuestro ejemplo de liposucción versus membresía de gimnasio, la rapidez es uno de los elementos que marca la enorme diferencia de precio. Pero también hay otro: el esfuerzo y el sacrificio.

Consejo profesional: Lo rápido le gana a lo gratuito

Lo único que supera a lo que es "gratis" es lo "rápido". La gente paga por la velocidad. Muchas empresas han entrado en mercados gratuitos y les ha ido muy bien con una estrategia de "velocidad ante todo". Algunos ejemplos notables: los dos tipos de permisos para conducir en los Estados Unidos, MVD vs. DMV, que implican esperar en fila para siempre o pagar $50, saltearte la fila y renovar tu licencia de manera particular. *FedEx* frente a *USPS* (cuando es vital que el envío llegue de un día para otro). *Spotify* vs. *Slow Free Music* (música lenta gratis). *Uber* vs. caminar. Lo rápido le gana a lo gratuito. Muchos estarán siempre dispuestos a pagar (precio) por el valor (valor) de la velocidad. Así que si te encuentras en un mercado en el que compites contra lo gratuito, apuesta el doble por la velocidad.

Ejercicio #10: Velocidad

Desglosa todos los micro eventos que se producen en el recorrido de tu cliente para obtener su valor.

_____

_____

_____

_____

_____

Anota cuánto tardas en conseguirlo.

_____

_____

_____

A continuación, analiza cómo podrías realizarlos en 1/3 del tiempo si tuvieras que hacerlo.

#4 Esfuerzo y Sacrificio (Objetivo = Reducirlos)

Esto se refiere a lo que les "cuesta" a las personas en costos adicionales, también conocidos como "otros costos acumulados por el camino". Estos pueden ser tanto tangibles como intangibles.

Esfuerzo es *lo que tienes que empezar a hacer (que no te gusta) como resultado de la compra.*

Sacrificio es *a lo que tienes que renunciar (que te gusta) como resultado de la compra.*

Son las dos caras de la misma moneda. Utilizando el ejemplo del *fitness*, o ejercicio físico, versus la liposucción, veamos la diferencia en términos de esfuerzo y sacrificio:

Esfuerzo y Sacrificio en el Fitness:	Esfuerzo y Sacrificio en la Liposucción:
Despertarte una o dos horas más temprano por la mañana	Seguir durmiendo
De cinco a diez horas por semana de tiempo perdido	Despertarte delgado, garantizado
Dejar de comer comida que amas	Sentir dolor durante dos a cuatro semanas
Hambre constante	
Dolor físico	
Sentimientos de vergüenza por no saber cómo ejercitarte	
Riesgo de lesiones	
Náuseas durante el ejercicio	
Preparar comidas especiales	
Compra de comida saludable/ más cara	
Ropa nueva (puede ser un beneficio para algunas personas)	
Miedo a recuperar los kilos perdidos después de todo este esfuerzo (impermanencia)	
Etc...	

¿Ves la diferencia?

Si no la ves, presta atención al marketing de los cirujanos plásticos. Estos son *exactamente* los puntos de dolor en los que inciden cuando dicen cosas como: *"¿Cansado de perder incontables horas en el gimnasio? ¿Cansado de probar dietas que no funcionan?".*

No hay mucho valor percibido en el *fitness* porque la probabilidad percibida de lograr la meta, el tiempo que se tarda en conseguirlo y el esfuerzo y sacrificio son muy altos.

El objetivo es mantener estos factores lo más bajos posible y, de este modo, hacer que tu producto, o servicio, sea mucho más valioso.

Ejercicio #11: Aumenta la comodidad, reduce el esfuerzo

Enumera todas las cosas a las que tu cliente tiene que renunciar para usar tu producto/servicio.

_____

_____

_____

_____

_____

Enumera todas las cosas que tu cliente tiene que empezar a hacer para usar tu producto/servicio.

_____

_____

_____

_____

_____

Analiza cómo puedes conservar la mayor cantidad posible de la lista A.

Analiza cómo puedes eliminar u "ocuparte" de la mayor cantidad posible de la lista B por ellos.

Integrando todo

Estos elementos de valor no ocurren de manera aislada. Se dan juntos, combinados. Veamos algunos ejemplos que utilizan los cuatro componentes del valor a la vez.

A los efectos de cuantificar el valor, los clasificaré en una escala binaria de 0 o 1. Uno (1) es valor conseguido. Cero (0) es la ausencia de valor. A continuación, sumaré los cuatro componentes para ofrecer una clasificación del valor relativo de un tipo de servicio.

Recordatorio: el objetivo es *aumentar el resultado soñado* y la *probabilidad de éxito percibida, disminuyendo* el *tiempo de demora y el esfuerzo*.

Ejemplo: Hagamos una comparación lado a lado utilizando la ecuación del valor de dos ofertas con idénticos resultados soñados: Meditación vs. *Xanax*. Ambas ofrecen al comprador relajación, disminución de la ansiedad y sensación de bienestar.

Medida de Valor	Meditación	Puntaje	Xanax	Puntaje
Resultado soñado	"Relajación" "Disminución de la Ansiedad" "Sensación de Bienestar"	1/1	"Relajación" "Disminución de la Ansiedad" "Sensación de Bienestar"	1/1
Probabilidad de éxito percibida	Baja, ya que la mayoría de las personas se distrae y no cree que vaya a seguir con la meditación diaria.	0/1	Alta, ya que la mayoría de las personas confían en que si toman la píldora se sentirán más relajados.	1/1
Tiempo de espera	Mucho tiempo para obtener resultados a largo plazo. Algunos beneficios inmediatos después de 10 a 20 minutos (suponiendo que no te frustras).	0.5/1	15 minutos para sentir los efectos.	1/1
Esfuerzo y Sacrificio	Malestar físico (miembros del cuerpo a menudo entumecidos). Malestar mental (sensación de fracaso constante). Sacrificio de tiempo (tienes que reservar tiempo todos los días para hacerlo).	0/1	Tomar la pastilla.	1/1
Valor total	Bajo	1.5/4	Alto	4/4

Ejercicio #12: Califica tu oferta actual

Resultado soñado: (0 / 1)

Probabilidad percibida: (0 / 1)

Tiempo de espera: (0 / 1)

Comodidad/Esfuerzo y Sacrificio: (0 / 1)

Valor total sobre 4:_____

Y es por eso que el *Xanax* es un producto multimillonario mientras que no conozco casi ningún negocio multimillonario de meditación... valor.

Y puedes sentarte ahí y publicar "quejas" en las redes sobre cómo la gente "debería" ser de tal o cual manera. O puedes aprovecharte de cómo *es* la gente y capitalizarlo.

Este libro es para hacerte rico. Si esto te molesta, simplemente déjalo y ponte a argumentar en contra de la naturaleza humana. Pero te advierto: no vas a cambiarla.

REGALO No. 4. Tutorial de Ecuación de Valor y descarga(s) gratuita(s):

Si quieres saber cómo descompongo la oferta principal de una empresa y la convierto en algo más valioso, visita Acquisition.com/training/offers y selecciona el video "Value Equation" (Ecuación de valor) para ver un breve tutorial. También he incluido una lista de verificación descargable. Mi objetivo es *ganarme tu confianza* y ofrecerte valor por adelantado. Puedes escanear el código QR si no quieres escribir. Como tal, es totalmente gratuito. ¡Que lo disfrutes!

UN PEQUEÑO ACTO PARA
UN GRAN IMPACTO

"Quien haya dicho que el dinero no puede comprar la felicidad, no ha dado lo suficiente".
— Anónimo

Las personas que ayudan a los demás (sin ninguna expectativa) experimentan mayores niveles de satisfacción, viven más tiempo *y* ganan más dinero. Me gustaría crear la oportunidad de ofrecerte este valor durante tu experiencia de lectura o escucha. Para ello tengo una simple pregunta para ti...

¿Ayudarías a alguien que nunca has conocido, si no te costara dinero, aunque nunca recibieras crédito por ello?

Si es así, tengo una "petición" que hacer en nombre de ese alguien a quien no conoces. Y que probablemente nunca conozcas.

Son como tú, o como tú eras hace unos años: menos experimentados, llenos de ganas de ayudar al mundo, buscan información pero sin saber dónde encontrarla....ahí es donde entras tú.

La única forma que tenemos en *Acquisition.com* de cumplir nuestra misión de ayudar a los emprendedores es, en primer lugar, llegando a ellos. Y la mayoría de las personas, de hecho, juzgan un libro por su portada (y sus reseñas). Si este libro te ha parecido valioso hasta ahora, ¿podrías dedicar un momento a dejar una reseña sincera sobre él y su contenido? No te costará ni un centavo y te tomará menos de 60 segundos.

Tu reseña ayudará a que....

....un emprendedor más mantenga a su familia.

....un empleado más encuentre un trabajo que le resulte significativo.

....un cliente más experimente una transformación que de otro modo nunca habría encontrado.

....una vida más cambie para mejor.

Para que eso suceda... lo único lo que tienes que hacer es... y esto te llevará menos de 60 segundos... dejar una reseña.

Si estás en *Audible*, pulsa los tres puntos en la parte superior derecha de tu dispositivo, haz clic en "Valorar y dejar reseña" y escribe unas frases sobre el libro y deja una calificación de estrellas.

Si lo lees en *Kindle* o en un lector electrónico, puedes desplazarte hasta el final del libro, luego desliza hacia arriba y se te pedirá automáticamente que dejes una reseña.

Si por alguna razón han cambiado alguna de estas funcionalidades, puedes ir a la página del libro en *Amazon* (o donde lo hayas comprado) y dejar una reseña directamente en la página.

P.D. - Si te sientes bien ayudando a un emprendedor sin rostro, eres mi tipo de persona. Estoy aún más emocionado de ayudarte a triunfar en los próximos capítulos (te encantarán las tácticas que estoy a punto de repasar).

P.D. 2 - Truco de vida: si le presentas algo valioso a alguien, esa persona asociará ese valor contigo. Si quieres recibir buena voluntad directamente de otro emprendedor, envíale este libro.

Gracias de todo corazón. Ahora volvemos a nuestra programación habitual.

- Tu mayor fan, Alex.

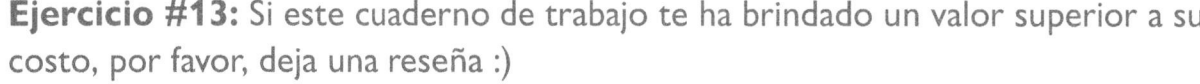

Ejercicio #13: Si este cuaderno de trabajo te ha brindado un valor superior a su costo, por favor, deja una reseña :)

Problema #5: Estás resolviendo de la manera equivocada → Solución #5: Resuelve de la manera correcta

"Si a la primera no lo consigues, inténtalo, inténtalo y vuelve a intentarlo".
— Thomas H. Palmer, Manual del Maestro

Quiero mostrarte la diferencia entre la resolución de problemas convergente y divergente. ¿Por qué? Para que realmente puedas crear la Oferta Grand Slam que se convertirá en la piedra angular de tu negocio.

Pensamiento convergente y divergente

En términos sencillos, la resolución convergente de problemas consiste en tomar muchas variables, todas conocidas, con condiciones inalterables y llegas a una respuesta única. Piensa en las matemáticas.

Por ejemplo:

Tienes 3 vendedores que pueden atender 100 llamadas al mes cada uno.

Se necesitan 4 llamadas para crear una venta (inclusive las no concretadas).

Necesitas llegar a 110 ventas...

¿Cuántos vendedores debes contratar?

Información deducida:

1 vendedor = 100 llamadas

4 llamadas = 1 venta

100 llamadas/4 llamadas por venta = 25 ventas cada 100 llamadas

25 ventas por vendedor

Objetivo: 110 ventas *totales* / 25 ventas por vendedor = 4,4

Como no puedes contratar a 4,4 vendedores, decides que necesitas *cinco*.

RESPUESTA: Y como tienes 3, contratas a *dos* más.

Los problemas matemáticos son convergentes. Hay muchas variables y una sola respuesta. Nos enseñan toda la vida en la escuela a pensar así. <u>Eso es porque es fácil de calificar.</u>

Pero la vida te va a pagar por tu habilidad para resolver problemas aplicando un proceso de pensamiento divergente. En otras palabras, pensar en muchas soluciones para un mismo problema. No sólo eso, las respuestas convergentes son binarias. O son correctas o son incorrectas. Con el pensamiento divergente, puedes tener varias respuestas correctas, y una que sea mucho más correcta que las demás. Genial, ¿verdad?

Esto es lo que la vida nos presenta para el pensamiento divergente: múltiples variables, conocidas y desconocidas, condiciones dinámicas, múltiples respuestas.

Por lo tanto, quiero hacer contigo un ejercicio que activará la parte de tu cerebro que necesitarás utilizar para hacer algo mágico.

Lo llamo el ejercicio del "bloque". No te preocupes, sólo te llevará 120 segundos.

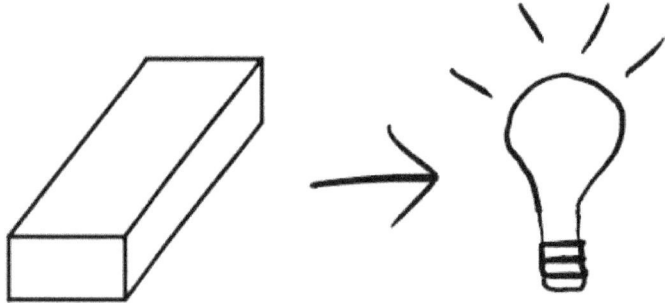

Ejercicio #14: El ejercicio del bloque

Quiero que pongas en este momento el temporizador de tu teléfono en 120 segundos. Tienes que hacer lo siguiente: piensa en un bloque.

Escribe tantos usos *diferentes* de un ladrillo como se te ocurran. De cuántas formas diferentes podría utilizarse un bloque en la vida para aportar valor.

¿Preparado? Vamos. Puedes escribir en el libro.

_____

_____

_____

_____

_____

_____

_____

_____

_____

_____

_____

_____

_____

_____

_____

_____

Muy bien, suficiente. Ahora, antes de mostrarte mi lista, ¿consideraste lo siguiente...?

... ¿Qué tamaño tiene el bloque? ¿Es como una barra de 9.2 x 5.7 x 20.3 cm (estándar), 60 x 60 x 180 cm?

... ¿De qué material está hecho el bloque? ¿Plástico, oro, arcilla, madera, metal?

... ¿Qué forma tiene el bloque? ¿Tiene agujeros? ¿Tiene muescas para encastrar?

Ahora que lo piensas, ¿se te ocurren más usos para el bloque de los que probablemente hayas anotado?

— Esta es mi lista:

— Pisapapeles

— Tope de puerta

— Construir cosas

— Casa para un pez en una pecera (bloque perforado)

— Soporte para plantas con tierra en los agujeros (bloque hueco)

— Como trofeo (bloque pintado)

— Decoración rústica

— Para romper una ventana

— Hacer un mural (bloques pequeños pintados)

— Una pesa para entrenamiento de resistencia

— Una cuña bajo una plataforma irregular

— Portalápices (bloque hueco)

— Juguete para niños (bloque de Lego)

— Dispositivo de flotación (bloque de plástico)

— Forma de pago (bloque de oro)

— Estabilizador para apoyar algo

— Retenedor de valor (bloque de oro)

— Soporte para asta de bandera (bloque agujereado)

— Asiento (bloque grande)

Cada oferta tiene sus "bloques de construcción", es decir, las piezas, que al combinarse, hacen que una oferta sea irresistible. Nuestro objetivo es utilizar un proceso de pensamiento divergente para pensar en el mayor número posible de formas sencillas de combinar estos elementos para aportar valor.

Así, si estuviera vendiendo un bloque, averiguaría cuál es el deseo de mi cliente y, a continuación, idearía de cuántas maneras podría crear valor con mi "bloque".

Ahora hagámoslo de verdad.

Problema #6: Estás resolviendo problemas equivocados → Solución #6: Resuelve los problemas correctos

"ABC, fácil como 123. Ah, simple como do re mi".
— **Michael Jackson, "ABC"**

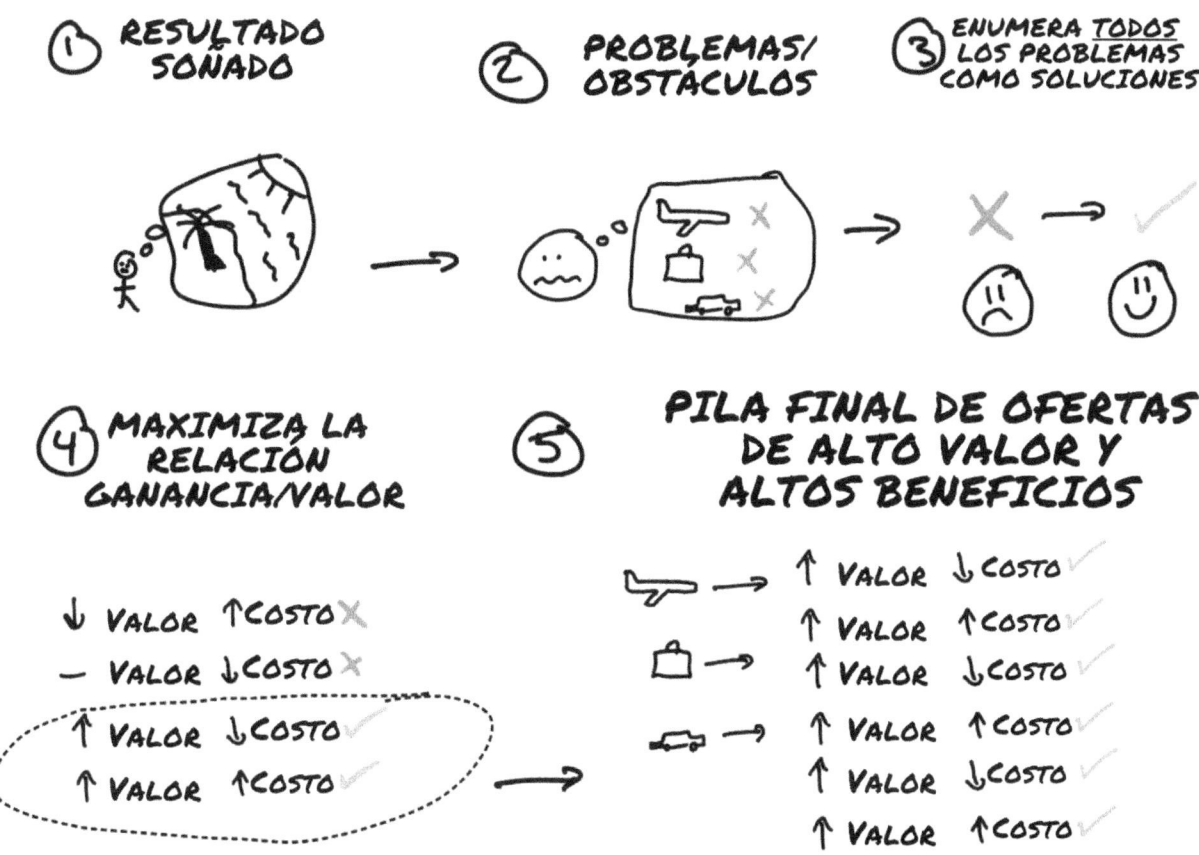

Así es como haces una oferta tan buena que la gente se sentirá que estúpida si dice que no. En otras palabras, una Oferta Grand Slam.

Ejercicio #15 (Paso 1 de la Oferta): Identifica el resultado soñado

Expón claramente qué es lo que la persona quiere lograr dentro de un marco de tiempo determinado.

Ejemplo: Había oído hablar de los desafíos para perder peso, así que empecé por ahí. Perder 6 kilos en 6 semanas. El gran resultado soñado: perder 6 kilos. Con un plazo de tiempo reducido - 6 semanas.

Nota: ya no estaba vendiendo una membresía. No estaba vendiendo el vuelo en avión. *Estaba vendiendo las vacaciones.* Cuando pienses en tu resultado soñado, tienen que ser ellos los que alcancen su objetivo y logren la *experiencia* que anhelan.

Resultado Soñado: _____

_____

Plazo: _____

Ejercicio #16 (Paso 2 de la Oferta): Confeccionar una lista de problemas

A continuación, anota todas las cosas con las que lucha la gente y los pensamientos limitantes que tienen en torno a ellas.

Consejo: piensa en lo que sucede inmediatamente antes e inmediatamente después de que alguien use tu producto/servicio. Sé <u>muy</u> detallista.

Ejemplo de lista de problemas: Pérdida de peso

Lo primero que deben hacer es: *Comprar alimentos saludables e ir de compras*

1) Comprar alimentos saludables es difícil, confuso y no me va a gustar
2) Comprar alimentos saludables me va a llevar demasiado tiempo
3) Comprar alimentos saludables es caro
4) No voy a poder comprar alimentos saludables para siempre. Las necesidades de mi familia se van a interponer en mi camino. Si viajo, no voy a saber qué comprar.

Lo siguiente que deben hacer es: *Cocinar comida saludable*

1) Cocinar comida saludable es difícil y confuso. No me va a gustar y me va a quedar mal.

2) Cocinar comida saludable me va a llevar mucho tiempo.

3) Cocinar comida saludable es caro. No vale la pena.

4) No voy a poder cocinar comida saludable para siempre. Las necesidades de mi familia se van a interponer en mi camino. Si viajo no voy a saber cocinar saludable.

Lo siguiente que deben hacer es: *Comer alimentos saludables*

1) Etc...

Lo siguiente que deben hacer es: *Hacer ejercicio regularmente*

1) Etc...

Ahora vamos a cerrar el círculo. Cada uno de los problemas anteriores tiene cuatro elementos negativos. Adivinaste, cada uno también se alinea con los cuatro impulsores de valor.

A continuación, enumera *todos* los problemas que tiene tu cliente potencial.

Cuantos más problemas se te ocurran, más problemas podrás resolver.

Analiza cada problema que se te ocurra y, a continuación, piensa en él a través de los cuatro impulsores de valor.

¿Cómo puedo mejorar el resultado?

_____

_____

_____

_____

¿Cómo puedo hacerlo menos riesgoso?

_____

_____

_____

_____

¿Cómo puedo hacerlo más rápido?

_____

_____

_____

_____

¿Cómo puedo hacerlo más fácil?

_____

_____

_____

_____

Ejercicio #17 (Paso 3 de la Oferta): Lista de soluciones

Vuelve a la lista de problemas anterior. Etiqueta cada problema con un número. Escribe debajo tantos números como problemas tengas arriba. Ahora escribe "cómo hacerlo" al lado de cada número y convierte el problema en un lenguaje orientado a soluciones. A continuación te daré algunos ejemplos.

¿Cómo puedo mejorar el resultado? Reescribe el problema como una solución a "cómo hacerlo".

_____

_____

_____

_____

¿Cómo puedo hacerlo menos riesgoso? Reescribe el problema como una solución a "cómo hacerlo".

_____

_____

_____

_____

¿Cómo puedo hacerlo más rápido? Reescribe el problema como una solución a "cómo hacerlo".

_____

_____

_____

_____

¿Cómo puedo hacerlo más fácil? Reescribe el problema como una solución a "cómo hacerlo".

_____

_____

_____

_____

_____

Ejemplo:

PROBLEMA: Comprar alimentos saludables, hacer las compras

. . . es difícil, confuso, no me va a gustar. Lo voy a hacer mal→ Cómo hacer que comprar alimentos saludables sea fácil y agradable, para que cualquiera pueda hacerlo (¡especialmente las madres ocupadas!)

. . . lleva demasiado tiempo→ Cómo comprar alimentos saludables en forma rápida

. . . es caro→ Cómo comprar alimentos saludables por menos de lo que gastas hoy en las compras

... es insostenible → Cómo hacer que comprar alimentos saludables requiera menos esfuerzo que comprar comida no saludable

... no es mi prioridad. Las necesidades de mi familia se van a interponer → Cómo comprar alimentos saludables para ti y tu familia a la vez

... no podré hacerlo si viajo; no voy a saber qué comprar → Cómo conseguir alimentos saludables cuando viajas

PROBLEMA: *Comer comida saludable*

... es difícil, confuso y no me va a gustar → Cómo comer comida saludable deliciosa sin seguir sistemas complicados

... etc.

PROBLEMA: *Hacer ejercicio con regularidad*

... es difícil, confuso y no me va a gustar, lo voy hacer mal → Sistema de ejercicios fácil de seguir que le gusta a todo el mundo

....etc.

Nota: no pasa nada si tus soluciones suenan repetitivas. Las personas siguen tomando decisiones en torno a los cuatro impulsores principales. Y si te falta incluso una sola solución a un solo problema, habrá un porcentaje de personas que no comprarán. ¡Así que asegúrate de resolverlos todos!

Ejercicio #18 (Paso 4 de la Oferta): Crea tus vehículos de entrega de soluciones ("El Cómo")

Ahora tenemos que convertir estos "titulares" de soluciones en actividades reales que vayamos a realizar. Aquí es donde las promesas se cumplen.

Dicho esto, si se trata de tu primera Oferta Grand Slam, es importante que te esfuerces al máximo. Todo el mundo compra gangas. Hay gente que compra cosas de 100.000 dólares por sólo 10.000. Ahí es donde queremos estar: precios altos, pero una *ganga* por el valor (como espero que lo sea este cuaderno de trabajo hasta ahora).

Te presento al *continuum* de ventas y cumplimiento.

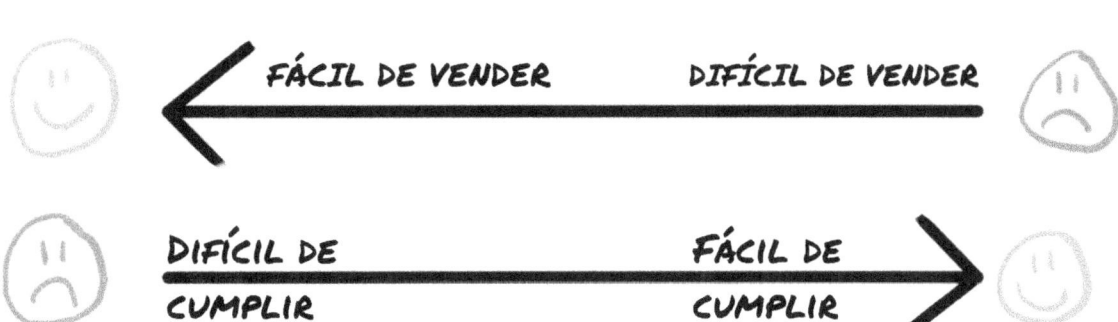

Cada vez que construyes un negocio, existe un *continuum* entre la facilidad de cumplimiento y la facilidad de venta. Si reduces lo que tienes que hacer, aumenta la dificultad para vender tu producto o servicio. Si haces todo lo posible, tu producto o servicio será más fácil de vender, pero más difícil de cumplir, porque tu inversión de tiempo será mayor. El truco, y el objetivo final, es encontrar un punto óptimo en el que vendas algo muy bien y que a la vez sea fácil de cumplir.

Ahora que ya tienes este replanteamiento mental, el siguiente paso es pensar en todas las cosas que podrías *hacer* para resolver cada uno de los problemas que has identificado. **Este es el paso más importante en este proceso**.

Por ahora, escribe *todo lo que podrías hacer* para resolver el problema. En serio. Cualquier cosa. Hacer este ejercicio hará que tu trabajo de vender sea MUCHO MÁS FÁCIL.

Recordatorio: sólo tienes que hacer esto *una vez*. Literalmente *una vez* para un producto que podría durar años. Se trata de un trabajo de alto valor y alto impacto.

El objetivo es ser creativo y superar tus límites mentales. Adelante. Confecciona una lista de todas las soluciones potenciales que podrías ofrecer para resolver estos problemas. No te preocupes todavía por escalar. Ya llegaremos a eso.

Problema: Comprar comida saludable es difícil, confuso y no me va a gustar

Si quisiera ofrecer una solución individualizada, uno a uno, podría ofrecer...

a) Compras en persona, donde llevo a los clientes a la tienda y les enseño a comprar.
b) Lista de compras personalizada: les enseño a hacer la lista.
c) Servicio completo de compra, en el que les compro la comida. Hablamos de un 100 por ciento hecho para ellos.
d) Orientación en persona (no en la tienda), donde les enseño qué comprar.
e) Asistencia por mensaje mientras compran, para ayudarlos si se atascan.
f) Llamada telefónica mientras hacen las compras, donde planifico llamarlos cuando vayan a comprar para darles orientación y apoyo.

Si quisiera ofrecer una solución para grupos pequeños podría ofrecer...

a) Compras de alimentos en persona, donde me reúno con un grupo de personas y las llevo a comprar sus propios alimentos.
b) Lista de compras personalizada, en la que enseño a un grupo de personas a hacer sus listas semanales. Podría hacerlo una vez o todas las semanas si quisiera.
c) Comprar sus alimentos por ellos, donde yo compro sus alimentos y también los entrego.
d) Orientación en persona, donde enseño a un pequeño grupo lo que hay que hacer (no en la tienda).

Si quisiera ofrecer una solución de uno a muchos podría ofrecer...

a) Recorrido virtual en vivo por el supermercado, donde podría transmitir en directo mi recorrido por la tienda de alimentos para todos mis nuevos clientes y dejar que hagan preguntas en tiempo real.
b) Recorrido grabado por el supermercado, donde podría hacer las compras una vez, grabarlo y luego proporcionarlo a mis clientes como punto de referencia para que lo vean por su cuenta.
c) Calculadora de compras, donde creo una herramienta virtual que se pueda compartir o les enseño a utilizar una herramienta para calcular su lista de compras.
d) Listas predeterminadas, en las que el plan para cada cliente viene con su

propia lista de compras semanal. Podría hacerla con antelación para que la tengan. Luego podrán utilizarla en el momento que les convenga.

e) Sistema de compañeros de compras, en el que podría emparejar a todos los clientes, lo cual no llevaría mucho tiempo, y dejarlos ir juntos de compras.

f) Carritos de compra pre-confeccionados para entrega a domicilio, en los que podría hacer listas para que los clientes recibieran las compras en la puerta de sus hogares con un solo clic.

Como ves, la lista es interminable. Esto es sólo para ilustrar las muchas maneras de resolver un *mismo* problema.

Pasa a la acción: haz lo mismo con *todos* los problemas percibidos por tus clientes antes, después y durante su experiencia con tus servicios/productos. Al finalizar este ejercicio deberías tener una lista monstruosa de soluciones.

Solución potencial para el problema #1_____

Solución potencial para el problema #1_____

Solución potencial para el problema #1_____

Solución potencial para el problema #1_____

Solución potencial para el problema #1_____

Solución potencial para el problema #1_____

Solución potencial para el problema #2_____

Solución potencial para el problema #2_____

Solución potencial para el problema #2_____

Solución potencial para el problema #2_____

Solución potencial para el problema #2_____

Solución potencial para el problema #2_____

Solución potencial para el problema #3_____

Solución potencial para el problema #3_____

Solución potencial para el problema #3_____

Solución potencial para el problema #3_____

Solución potencial para el problema #3_____

Solución potencial para el problema #3_____

Solución potencial para el problema #4_____

Solución potencial para el problema #4_____

Solución potencial para el problema #4_____

Solución potencial para el problema #4_____

Solución potencial para el problema #4_____

Solución potencial para el problema #4_____

Continúa hasta terminar.

Códigos de trucos para la entrega de productos

Si tienes dificultades, este es un marco mental que yo llamo el "Cuadro de entregas".

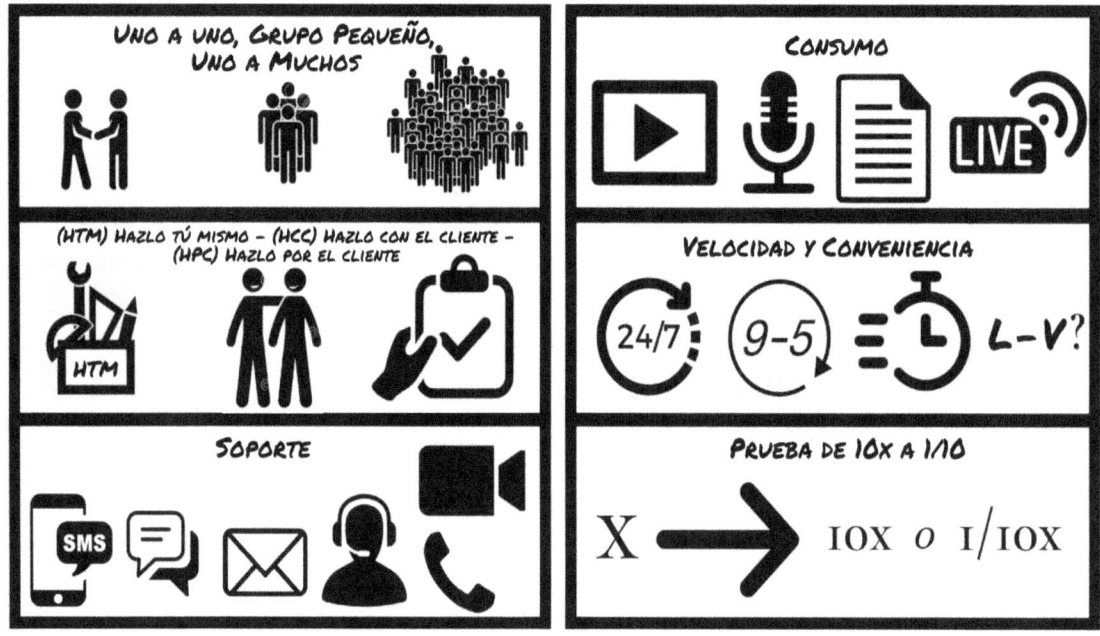

Me ayuda a pensar en cada elemento de la *entrega de valor*. Vamos a revisarlos juntos.

a) ESQUINA SUPERIOR IZQUIERDA: ¿Qué nivel de atención personal quiero ofrecer? Uno a uno, grupo pequeño, uno a muchos.

b) CENTRO IZQUIERDA: ¿Qué nivel de esfuerzo se espera de ellos? Hazlo tú mismo (HTM): descubre cómo hacerlo por ti mismo; Hazlo con el cliente (HCC): enséñale cómo hacerlo; Hazlo por el cliente (HPC): hazlo tú por él.

c) ESQUINA INFERIOR IZQUIERDA: Si hago algo *en vivo*, ¿en qué entorno o medio quiero entregarlo? En persona, por teléfono, correo electrónico, texto, *Zoom* o *chat*.

d) ESQUINA SUPERIOR DERECHA: Si se trata de una grabación, ¿cómo quiero que la consuman? Audio, video, en directo. O por escrito.

e) CENTRO DERECHA: ¿Con qué rapidez queremos responder? ¿Qué días? ¿En qué horario? 24/7. ¿De 9 a 5, en 5 minutos, en una hora, dentro de las 24 horas?

f) ESQUINA INFERIOR DERECHA: Prueba de 10x a 1/10. Si mis clientes me pagaran 10 veces mi precio (o 100.000 dólares), ¿qué les ofrecería? Si me pagaran 1/10 del precio y tuviera que hacer que mi producto fuera más valioso de lo que ya es, ¿cómo lo haría? ¿Cómo podría conseguir que tuvieran éxito por una décima parte del precio? Expande tu mente en una u otra dirección y se te ocurrirán soluciones muy diferentes.

En otras palabras, ¿cómo podría *cumplir* realmente con las soluciones que estoy prometiendo ofrecer?

Pasa a la acción: haz esto para *todos* los problemas porque las soluciones a un problema te darán ideas para otros que normalmente no hubieses considerado.

Nota del autor: no puedo decirte la cantidad de veces que *un* solo problema se convierte en la razón por la que alguien no compra. Resuélvelos todos.

Ejemplo: Solía vender programas de pérdida de peso. Una vez tuve una clienta que, después de una hora de charla, no quería comprar porque viajaba mucho. Le pregunté si lo compraría si le hacía un plan para cuando viajara. Inmediatamente dijo que sí. Averigua por qué la gente no compra. Resuélvelo. Luego, inclúyelo para el futuro.

Ejercicio #19 (Paso 5a de la Oferta): Recorta y Agrupa

A esta altura deberías tener una lista gigantesca de cosas que *podrías* hacer para solucionar *todos* sus problemas. Ahora, tenemos que hacer que nuestra oferta sea rentable.

Pasa a la acción: repasa tu lista anterior. Escribe el costo de proporcionar estas soluciones para el negocio en el margen (mantenlo simple con: "**Alto**, **Medio**, **Bajo**"). Ahora vuelve a la lista y adivina el valor relativo (utiliza las mismas calificaciones "**A, M, B**"). Tacha primero los que sean de alto costo y bajo valor. A continuación, elimina los artículos de bajo costo y bajo valor.

Lo que debería permanecer son artículos de oferta que sean 1) de bajo costo y alto valor y 2) de alto costo y alto valor.

Ejemplo de pérdida de peso: Digamos que me mudo con alguien y hago sus compras, hago ejercicios y cocino por él. Probablemente la otra persona creerá que perderá peso. Pero no estoy dispuesto a hacer eso por una cantidad de dinero menor a miles de millones de dólares.

La siguiente pregunta es: ¿existe una versión reducida de esta experiencia que pueda ofrecer a escala?

Sólo tienes que dar un paso atrás cada vez hasta llegar a algo que implique un compromiso de tiempo o un costo con los que estés dispuesto a vivir (o, evidentemente, aumenta masivamente tu precio para que valga la pena para ti, es decir, cobra miles de millones de dólares para vivir con alguien).

¿En qué debemos enfocarnos?: En crear soluciones "uno a muchos" de alto valor. Son las que suelen presentar la mayor discrepancia entre el costo y el valor.

Ejemplo de bajo costo y alto valor: Antes de abrir mi primer gimnasio, tenía un negocio de capacitación en línea. Creé una pequeña hoja de cálculo que, después de ingresar todos los objetivos de una persona, generaba automáticamente más de 100 comidas perfectamente adaptadas a sus necesidades de macronutrientes y calorías. Mejor aún, dependiendo de las comidas que seleccionaran, les diría lo que necesitaban comprar en el supermercado en cantidades exactas, y cómo prepararlas en grandes cantidades con las proporciones exactas.

Tardé unas 100 horas en armar todo. Pero de ahí en adelante vendí planes de alimentación realmente personalizados a precios muy caros, aunque sólo me tomaba unos 15 minutos hacerlos. Alto valor. Bajo costo.

Resultado final: este tipo de soluciones requieren un costo de creación elevado y único, pero un esfuerzo adicional infinitamente bajo después. Esto es lo que quieres. Esto genera un negocio escalable y rentable.

Ejercicio #20 (Paso 5b de la Oferta): Integrarlo todo

Resumamos todo esto antes de configurar nuestro producto final de alto valor.

Paso 1: Averiguamos el resultado soñado por nuestro cliente potencial.

Paso 2: Enumeramos todos los obstáculos que probablemente encontrará en su camino (nuestras oportunidades para agregar valor).

Paso 3: Enumeramos todos esos obstáculos como soluciones.

Paso 4: Pensamos en todas las formas posibles de ofrecer esas soluciones.

Paso 5a: Reducimos esas formas a las que nos aporten mayor valor y menor costo.

Lo que tenemos que hacer ahora es…

Paso 5b: Juntar todos los paquetes creando el producto final de alto valor.

<u>REESCRIBE LAS OPCIONES DE ALTO VALOR Y BAJO COSTO EN UNA PÁGINA NUEVA O EN UN DOCUMENTO APARTE. ASIGNA A CADA UNA UN VALOR REALISTA. LUEGO, SÚMALO TODO.</u>

A continuación encontrarás ejemplos míos haciendo el ejercicio.

Nota sobre el Formato

Voy a mostrar cada conjunto de problema-solución de la siguiente manera:

→ Problema → Mención de la solución → Nombre más atractivo para el producto.
→ Vehículo de entrega real (lo que realmente haremos/proporcionaremos).

Punto 1 del Ejemplo:

Problema: Comprar comida

Solución: Cómo cualquiera puede comprar comida de forma rápida, fácil y económica

Nombre más atractivo para el producto: Sistema infalible de ahorro en compras de supermercado… que te ahorrará cientos de dólares al mes en tu comida y te llevará menos tiempo que tu rutina de compras actual (valor de $1.000 por el dinero que ahorrarás a partir de ahora en tu vida).

Vehículo de entrega:

    a. Orientación nutricional 1-a-1 donde te explico cómo…

    b. Recorrido de compras grabado por el supermercado

    c. Calculadora de alimentos Hazlo Tú Mismo

    d. Cada plan viene con su propia lista para cada semana

    e. Capacitación en compras de gangas en el supermercado

    f. Sistema de compañeros de compras

    g. Carritos de compra predefinidos para entrega a domicilio

    h. Y un control semanal por mensaje de texto.

Punto 2 del Ejemplo:

Problema: Cocinar

Solución: Guía de cocina rápida para padres ocupados… cómo cualquiera puede comer sano aunque no tenga tiempo (valor de $600 por recuperar 200 horas al año - ¡eso son cuatro semanas de trabajo!).

Vehículo de entrega:

    a. Orientación Nutricional 1-a-1 donde explico cómo…

    b. Instrucciones para preparar las comidas

    c. Calculadora de preparación de comidas Hazlo Tú Mismo

    d. Cada plan viene con sus propias instrucciones para preparar las comidas cada semana

e. Sistema de compañeros para preparar comidas

f. Guía de bocadillos saludables en menos de 5 minutos

g. Una publicación semanal en redes donde me etiquetan para que les envíe mi retroalimentación.

Punto 3 del Ejemplo:

Problema: Comer sano

Solución: Plan de comidas personalizado que te hará lamerte los dedos... ¡tan bueno que será más fácil seguirlo que comer lo que solías y costará menos! (valor $500).

Vehículo de entrega:

a. Orientación Nutricional 1-a-1 donde te explico cómo...

b. Plan de comidas personalizado

c. Guía para preparar batidos matutinos en 5 minutos

d. Presupuesto para almuerzos económicos en 5 minutos

e. Cenas económicas en 5 minutos

f. Comidas familiares

g. Una foto diaria de sus comidas

h. Reunión 1-a-1 para compartir experiencias y hacer ajustes al plan (y ofrecerles ventas adicionales).

Otros Ejemplos para nuestra Oferta Grand Slam...

Ejercicio → Planes de entrenamiento para quemar más grasa que haciéndolo solo... ajustados a las necesidades del cliente para que no vaya demasiado rápido, se estanque o corra el riesgo de lesionarse (valor $699).

Viajes → El plan definitivo de alimentación y entrenamiento para tonificarte mientras viajas... lograrás entrenarte de manera increíble sin equipos para que no te sientas culpable mientras disfrutas (valor $ 199).

Cómo mantener la consistencia → El Sistema de Rendición de Cuentas "Nunca te rindas"... el sistema imbatible que funciona sin tu permiso (incluso ha conseguido que personas que odian ir al gimnasio tengan ganas de ir) (valor $1.000).

Cómo ser sociable → El sistema para comer afuera "Vive la vida mientras adelgazas"... que te dará la libertad de comer fuera de casa y vivir la vida sin sentirte como el "tipo raro" (valor $349).

Valor total: $4.351 (!) Todo por solo $599.

¿Te das cuenta de cuánto más valioso es esto que una suscripción a un gimnasio?

La Oferta Grand Slam logra <u>tres</u> cosas fundamentales:

Resuelve *todos* los problemas percibidos (no sólo algunos).

Te da la convicción de que lo que vendes es único (muy importante).

Hace que sea imposible comparar o confundir tu negocio u oferta con la de la competencia.

¡Uf! Por fin tenemos lo que vamos a entregar en todo su esplendor.

Nota importante: no lo presentarías de esta manera. Probablemente sería abrumador. Te explicaré cómo presentarlo en la siguiente sección.

Resumiendo

Ahora tenemos una Oferta Grand Slam que no se rige por los precios convencionales. Podemos vender en una categoría única sin competir con *nadie*. A partir de ahora, los clientes potenciales decidirán si nos compran *en función del valor y no del precio*. ¡Hurra!

Ahora que ya tenemos nuestra oferta principal, la siguiente sección estará dedicada a *mejorarla*. Emplearemos una combinación de palancas psicológicas: bonificaciones, urgencia, escasez, garantías y nombre.

REGALO No. 5. TUTORIAL: CREACIÓN DE LA OFERTA PARTE 1

Si quieres recorrer el proceso en vivo conmigo, visita Acquisition.com/training/offers y luego selecciona la opción "Offer Creation Part 1" (Creación de la Oferta Parte 1) para ver un breve tutorial en video. Como siempre, es totalmente gratuito. También he incluido una lista de verificación gratuita para la creación de ofertas que puedes desplegar y aplicar inmediatamente en tu negocio. Puedes escanear el código QR si no quieres escribir. Todo esto es absolutamente gratis. ¡Que lo disfrutes!

REGALO No. 6. TUTORIAL: CREACIÓN DE LA OFERTA PARTE 2

Si quieres recorrer conmigo en vivo el proceso de recorte y acumulación para maximizar las ganancias, ve a Acquisition.com/training/offers y selecciona "Creating Offers Part 2" (Creación de ofertas, parte 2). También encontrarás algunas listas de verificación que creé para que este proceso sea más ágil para ti, de manera que puedas reutilizarlas para cada uno de tus productos. También puedes escanear el código QR si no quieres escribir. Como siempre, es totalmente gratuito. ¡Que lo disfrutes!

MEJORANDO TU OFERTA GRAND SLAM:

Hay cinco elementos que puedes introducir para conseguir que más gente quiera comprar lo que vendes: Escasez, Urgencia, Bonificaciones, Garantías, Nombres. Te mostraré cómo utilizo cada uno de estos factores:

Uso la *escasez:* Disminuyo la oferta para aumentar los precios (e indirectamente aumentar la demanda a través de la percepción de exclusividad).

Uso la *urgencia:* Incremento la demanda disminuyendo el umbral de acción de un cliente potencial.

Uso de *bonificaciones:* Para aumentar la demanda (y aumentar la *exclusividad percibida*).

Uso de *garantías:* Incremento la demanda al revertir el riesgo.

Uso *nombres:* Reestimulo la demanda y doy a conocer mi oferta a mi público objetivo.

Empecemos por la escasez.

Problema #7: No están comprando
→ Solución #7: Agrega escasez

"¡Agotado!"

ESCASEZ (QUEDAN X / Y PLAZAS)
↳ # DE UNIDADES / DISPONIBILIDAD

Crear escasez

Cuando hay una cantidad fija de productos o servicios disponibles para la compra, se crea "escasez" o "miedo a perderse algo" (FOMO). Esto aumenta la necesidad de actuar y, por lo tanto, de comprar tu oferta. Aquí es donde anuncias públicamente que sólo estás ofreciendo X cantidad de productos o que sólo puedes atender a Y nuevos clientes.

Ejemplo: Si un músico lanza una sudadera de edición limitada y dice que sólo hizo 100 y que no se volverán a fabricar, ¿es más o menos probable que la compres en comparación con una que siempre está disponible? Más probable, naturalmente. La idea de que *nunca* se podrá volver a conseguir la hace más deseable.

Los seres humanos estamos mucho más motivados a actuar cuando sentimos la necesidad de acaparar un recurso escaso que cuando algo podría simplemente *beneficiarnos*. El *miedo a perder* es más fuerte que el *deseo de ganar*. Utilizaremos esta palanca psicológica para conseguir que tus clientes compren en un frenesí, todos a la vez, hasta que *se agoten* tus productos.

Tres tipos de escasez

1) Suministro limitado de asientos/plazas: en general o durante X período de tiempo.

2) Suministro limitado de bonificaciones

3) Nunca más estarán disponibles.

Pero, ¿cómo utilizar este recurso correctamente sin que resulte falso? Intentaré darte algunos ejemplos reales.

Productos físicos

Ejemplos: Los lanzamientos limitados de sabores, colores, diseños, tamaños, etc. "Este mes lanzaremos 100 cajas de barritas de proteínas con sabor a galleta de chocolate y menta". Punto importante: para utilizar correctamente este método *siempre* <u>debes agotar el stock.</u> Y, lo que es más importante, asegúrate de avisar a todo el mundo cuando lo hagas para que la próxima vez sea más probable que compren antes.

Servicios

1) **Capacidad total del negocio -** *Sólo aceptar.... X Clientes.* Sólo se aceptan X clientes en este nivel de servicio (continuo). Esto pone un tope a la cantidad de clientes que atiendes, pero también los mantiene comprometidos. Generas una lista de espera para los nuevos clientes potenciales. En cuanto se abre la puerta, se lanzan de inmediato y la resistencia al precio desaparece. Periódicamente, puedes aumentar la capacidad en un 10-20% y luego volver a limitarla. Esto funciona bien para los niveles de servicio más altos.

   a) **Ejemplo**: "Mi agencia sólo atenderá a veinticinco clientes en total. Punto". Con el tiempo, puedes subir los precios y expulsar a las cuentas de menor rendimiento e incorporar nuevas cuentas más rentables, o bien puedes "abrir huecos" de tanto en tanto según te lo permita tu capacidad (dejando siempre algo de demanda insatisfecha).

2) **Límite de tasa de crecimiento -** *Sólo aceptamos X clientes por semana (continuo).* Conoce tu capacidad semanal y comunica a tus clientes potenciales cuántas plazas quedan disponibles.

   a) **Ejemplo**: "Sólo aceptamos 5 clientes nuevos por semana y ya tenemos las 3 primeras plazas ocupadas. Tengo 6 llamadas más con posibles clientes esta semana, así que puedes tomar la plaza o lo hará uno de ellos y tendrás que esperar hasta que volvamos a abrir las plazas".

3) **Límite por Cohorte:** *Sólo se aceptan....X clientes por clase o cohorte.* Similar al anterior, pero con la cadencia que desees. Sólo aceptar X cantidad por clase o cohorte durante un período determinado es otra manera de plantearlo. Imagina que sólo aceptas nuevos clientes mensual o trimestralmente. Esto te ayuda a lograr cadencias operativas en tu negocio, permitiendo a tu equipo de ventas crear cierta escasez legítima.

   a) **Ejemplo:** "Aceptamos 100 clientes 4 veces al año. Abrimos las puertas y luego las cerramos". Etc.

Escasez honesta (La escasez más ética)

La estrategia de escasez más sencilla es la <u>honestidad</u>. Casi todas las empresas tienen una capacidad limitada para entregar sus productos o servicios de alguna manera. Simplemente informa a tus clientes sobre esas limitaciones y utiliza tus sinceras restricciones para impulsar las ventas. Si solo puedes atender a 5 nuevos clientes este mes, díselo a la gente - *y* - establece un límite.

Ejemplo: Un mensaje como "Estamos al 80% de capacidad esta semana. Si quieren entrar, tienen que reservar ahora", va a conseguir que más gente compre que si no se los dices.

Consejo rápido para generar dinero con la escasez

- Ofrece una cantidad muy limitada de acceso 1 a 1 contigo (piensa en 5-10 personas).

- Elige un estilo de comunicación que no detestes: acceso por mensajes directos. Acceso por correo electrónico. Acceso telefónico. Acceso a notas de voz. Acceso por *Zoom*. Etc.

- Ponle un precio *muy* alto - uno precio por el que tú estarías *encantado* de hacerlo - piensa en 10-100 veces los precios normales.

- Después, díselo a la gente. Luego, asegúrate de avisarles cuando se agote tu oferta.

Ejercicio #21: Agrega escasez

Productos: piensa en:

- cuál es tu límite real en stock.
- cuál es tu capacidad para entregar esa cantidad de stock en un plazo de tiempo determinado.

Servicios: piensa en:

- tu capacidad para incorporar nuevos clientes o consumidores en un día o una semana determinados.
- tu capacidad total para mantener clientes en tu negocio (especialmente valioso para emprendedores independientes y negocios locales con limitaciones reales).

Describe tu escasez real a continuación: _____

_____

_____

_____

_____

_____

Ahora, anúnciala en <u>todos</u> los lugares donde promociones tu oferta y menciónalo en tu discurso de ventas.

Resumiendo

La escasez se da en función de limitar la cantidad, es decir, *cuántos te quedan.*

- **Productos físicos:** lanzamientos limitados, sabores, tamaños, diseños, etc., todos crean escasez.

- **Servicios:** límite total del negocio, límite de capacidad semanal, cohortes rotativas, todos crean escasez.

- Nunca digas que tienes una cantidad limitada y luego permitas que sigan comprando. Si estás limitado, limítalo. No vendas más. O perderás toda la confianza.

Elige una estrategia de escasez -sé honesto acerca de tus limitaciones- y comunícasela a la gente. Y verás cómo aumentan tus ventas.

Problema #8: No están comprando
→ Solución #8: Agrega urgencia

"Las fechas límite impulsan decisiones"
— **Yo**

URGENCIA (PARA X FECHA)
↳ **RELATIVA AL TIEMPO**

5...4...3...2...1... ¡HECHO!

La escasez es una función de *cantidad*. La urgencia es una función de *tiempo*.

Aquí *sólo* limitas *cuándo* la gente puede registrarse, en lugar de *cuántos*. Tener una fecha límite definida para que se produzca una compra o una acción crea urgencia. Con frecuencia, la escasez y la urgencia se utilizan juntas, pero voy a separarlas para ilustrar los conceptos.

Voy a mostrarte mis cuatro formas preferidas de utilizar la urgencia de manera coherente y ética:

1) Urgencia rotativa por cohorte

2) Urgencia rotativa por temporada

3) Urgencia basada en precios o promociones

4) Oportunidad explosiva

1) Urgencia rotativa por cohorte

Incorporas clientes según un calendario regular. Cuanto menos frecuente sea la incorporación de clientes, más potente será cuando se acerquen las fechas. Sin embargo, cuanto más lejos estén las fechas, menor será el volumen de ventas. Para las pequeñas empresas, prefiero cohortes rotativas semanales. Te da muchos de los beneficios de la urgencia con pocos costos.

Ejemplo: Si admites clientes cada semana (incluso en cantidades ilimitadas), puedes decir: *"Si te inscribes hoy, puedo anotarte en nuestro próximo grupo que empieza el lunes, de lo contrario tendrás que esperar hasta nuestra próxima fecha de inicio".*

Ejemplo: Otra forma, incluso más poderosa, de decirlo sería: *"De hecho, un cliente que se anotó hace unas semanas se dio de baja, así que tengo una vacante para el próximo grupo que empieza el lunes. Si estás seguro de que vas a hacer esto en algún momento, es mejor que te anotes ahora para que puedas empezar a adquirir los beneficios antes, en lugar de pagar lo mismo y esperar".*

Ventajas operativas: Las cohortes rotativas tienen la ventaja operativa añadida de ayudarte a crear una experiencia de incorporación en grupo para los nuevos clientes. Puedes agregar recursos *en un solo día* para ofrecer a todos los clientes una mejor experiencia *sin* tener que cubrir los costos todos los días de la semana.

Cómo manejar a los compradores "a mitad de cohorte":

1) Opción 1: Ofréceles una rápida incorporación personalizada para que se pongan al día como una "bonificación" por inscribirse hoy y poder incluirlos en la cohorte. No me agrada mucho esta opción, pero si tienes que pagar el alquiler, está bien.

2) Opción 2: (Mi preferida) Explícales las ventajas de esperar a que empiece el siguiente grupo: más tiempo para revisar los materiales, hablar con sus empleados (en el caso de productos B2B) o familiares (en el caso de productos B2C), financiar los pagos en un plan de pago o cualquier otra cosa que se te ocurra.

2) Urgencia rotativa por temporada

Realizas una cuenta regresiva hasta una fecha real vinculada a un cambio de estación o las vacaciones. Funciona de la misma manera que las cohortes rotativas, salvo que probablemente mantendrás estas ofertas durante períodos más largos y en menor cantidad. Piensa en promociones mensuales especiales.

Ejemplo: ¡Nuestra promoción de Año Nuevo termina el 30 de enero!

Al mes siguiente: ¡Nuestra promoción de San Valentín termina el 30 de febrero!

Al mes siguiente: ¡Nuestra promoción de "sexy para la primavera" termina el 31 de marzo!

Al mes siguiente: ¡Nuestra promoción de "tontos enamorados en Abril" termina el 30 de abril!

Planifica el año y ve rotándolas. Observa cómo aumentan las ventas al principio de cada mes, cuando anuncias la promoción, y al final, cuando la promoción está a punto de terminar.

Emprendimientos locales: esta es mi estrategia número uno para los emprendimientos locales. Deben variar su marketing con más frecuencia que los anunciantes nacionales. Poner un nuevo envoltorio con una fecha sobre el mismo servicio principal le da urgencia y novedad que superará sistemáticamente a las campañas de "lo de siempre".

3) Urgencia basada en precios o promociones

Crea urgencia utilizando descuentos o bonificaciones como aquello que podrían perderse.

Ejemplo: *"Sí, empecemos hoy mismo para que pueda beneficiarse del descuento por el que ha venido. No estoy seguro de cuánto tiempo lo mantendremos, ya que los cambiamos cada 4 semanas más o menos, y éste es uno de los mejores que hemos hecho en mucho tiempo".*

Haces rotar el descuento o la bonificación con una cadencia regular y consigues que la gente se suscriba para aprovechar el "extra".

Consejo: Si piensas subir los precios, házselo saber a la gente. *"El precio va a subir. Así que ¡inscríbete ya!".* Esto te proporcionará un flujo de efectivo de las personas que estaban indecisas.

4) Oportunidad Explosiva

Las grandes oportunidades no duran para siempre. Educa al cliente sobre la naturaleza única de la oportunidad. Es decir, hoy es extremadamente valiosa, pero cada momento que se retrasan, disminuye su oportunidad a medida que más gente se entera de ella.

Ejemplo B2B: Si estuviera explicando una oportunidad de arbitraje para comprar productos en *eBay* y venderlos en *Amazon*, esta ineficiencia del mercado con el tiempo se corregiría. Cuanto antes actúe una persona, mejor será para ella.

Ejemplo de empleado: En ambientes laborales altamente competitivos, las ofertas de trabajo a menudo son "ofertas explosivas": cada día que esperan para aceptar el trabajo, su salario o sus beneficios disminuyen. Esto obliga a los prospectos a tomar decisiones rápidas en lugar de intentar "esperar" a ver si consiguen una oferta mejor.

Si tienes una oportunidad cuyo valor disminuye con el tiempo, *házselo saber a la gente.*

Ejercicio #22: Añadir urgencia

Crea un ejemplo de los 3 primeros tipos de urgencia en tu negocio. Si es posible para lo que vendes, crea una urgencia explosiva.

Urgencia rotativa por cohorte: _____

_____

Urgencia rotativa por temporada: _____

_____

Urgencia basada en precios o promociones: _____

_____

Oportunidad explosiva: _____

_____

Utiliza el tipo (o los tipos) de urgencia que mejor se adapten a tu negocio/producto.

Resumiendo

Elige uno de los cuatro tipos de urgencias.

Determina el plazo.

Comunícalo a los demás.

Luego, repítelo.

REGALO No. 7. TUTORIAL: CÓMO UTILIZAR ÉTICAMENTE LA ESCASEZ Y LA URGENCIA

Si quieres ver algunos ejemplos (éticos) en vivo de escasez y urgencia conmigo, dirígete a Acquisition.com/training/offers y selecciona "Scarcity and Urgency" (Escasez y Urgencia) para ver un breve video tutorial. También podrás acceder a mi Lista de verificación de escasez y urgencia que utilizo al crear ofertas. También puedes escanear el código QR si no quieres escribir. Como siempre, es totalmente gratis. ¡Que lo disfrutes!

Problema #9: No están comprando
→ Solución #9: Agrega bonificaciones

"Es todo ganancia"

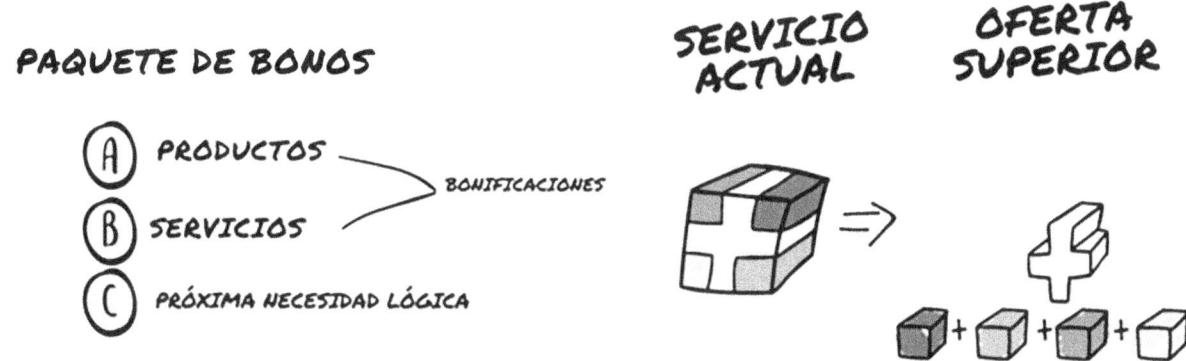

Punto principal: *Una oferta única tiene menos valor que la misma oferta dividida en sus componentes y apilada en forma de bonos* (véase la imagen). Por eso todos los infomerciales de todos los tiempos continúan con "pero espera... ¡hay más!". Y funciona.

Tú fijas el precio y luego expandes la oferta con bonificaciones hasta que el cliente potencial sienta que *es una oferta tan buena que sería estúpido dejarla pasar*. Con cada bonificación cada vez más valiosa, la discrepancia entre el precio y el valor aumenta hasta que es demasiado grande para soportarla. Entonces, la banda elástica que sujeta la billetera del cliente potencial en el bolsillo se rompe y compra.

Bonificaciones vs. Descuentos: Una vez que presento mi precio real, nunca hago descuentos. Los precios no son negociables. Pero las bonificaciones sí. Así que si tengo a alguien que está *casi* dispuesto a comprar, añado bonificaciones y vuelvo a realizar la oferta. Las extraigo una por una y ofrezco la venta cada vez. Y sigo añadiendo bonificaciones hasta que *se sienten estúpidos si dicen que no*.

Ahora bien, puedes seguir optando por darle a todos los clientes las mismas bonificaciones aunque digan que "sí" al primer llamado. Sólo tienes que presentárselas *después* de que compren. Esto hará que te aprecien aún más por entregar más de lo esperado desde el principio.

Tácticas de bonificaciones

Utiliza todos los componentes de tu oferta de la Solución #6 "Recorta y Apila". Cada uno de esos elementos a entregar se convierte ahora en una herramienta poderosa y se presenta en el momento perfecto agrupándolos de a uno. Aquí están algunas de las mejores prácticas que he encontrado:

1) Ofrece siempre bonificaciones: no venderás menos por tenerlas.

2) Ponles un nombre especial que contenga el beneficio en el título

3) Diles:

    a) Cómo se relaciona con su problema

    b) En qué consiste

    c) Cómo lo descubriste o qué tuviste que hacer para crearlo

    d) Cómo mejorará específicamente sus vidas o hará que su experiencia sea:

        i) Más rápida,

        ii) Más fácil

        iii) o con menos esfuerzo/sacrificio (ecuación de valor)

4) Proporciona alguna prueba (puede ser una estadística, un cliente anterior o una experiencia personal) que demuestre que esa cosa es valiosa.

5) Pinta una vívida imagen mental de cómo será su vida una vez que hayan utilizado y estén experimentando sus beneficios.

6) Atribúyeles siempre un precio y justifícalo.

7) Las herramientas y las listas de verificación son mejores que la formación adicional (el esfuerzo y el tiempo son menores en el primer caso, por lo que el valor es mayor). (La ecuación de valor sigue siendo primordial).

8) Cada bonificación debe abordar una preocupación/obstáculo específico en la mente del cliente potencial sobre por qué no puede o no tendrá éxito (la bonificación debe demostrar que su creencia es incorrecta).

9) Esto también puede ser lo que lógicamente se darán cuenta que necesitarán a continuación. Querrás resolver su próximo problema antes incluso de que se lo planteen.

10) <u>El valor de las bonificaciones debe eclipsar el valor de la oferta principal.</u> Psicológicamente, a medida que sigues agregando ofertas, sigue aumentando la brecha entre precio y valor. También, inconscientemente comunicas que la oferta principal *debe* ser valiosa porque si estas son las bonificaciones, la oferta principal debería ser más valiosa que la bonificación, ¿verdad? (No, pero puedes utilizar este sesgo psicológico para hacer que tu oferta parezca tremendamente atractiva).

11) Cualquier cosa en la que puedas invertir una sola vez y que claramente cueste tiempo o dinero crear, pero que se pueda regalar infinitas veces es perfecta para una bonificación. Ej.: Crear listas de verificación, herramientas, archivos de referencia, guiones y plantillas pueden ser grandes bonificaciones.

12) Graba todos los talleres, seminarios web, eventos y entrevistas y utilízalos como bonificaciones adicionales.

13) ¿Bono o parte de la oferta principal? Respuesta breve: Realza el atractivo de los componentes de tu oferta. Muchas veces se ofrecen tantas "cosas" que las partes valiosas pueden perderse en la mezcla. Destaca las partes más valiosas como bonificaciones. Por ejemplo: puede que a alguien no le parezca justificado pagar mucho dinero por una lista de comprobación o una infografía, pero como bonificación puede percibirse como algo mucho más valioso.

14) Puedes aumentar aún más el valor de tus bonificaciones agregando escasez y urgencia a las propias bonificaciones (lo que lleva esta técnica a un nivel "con esteroides").

    a) <u>Bonos con escasez</u>

        <u>Versión 1</u>: Sólo las personas que se inscriban en el programa XZY tendrán acceso a mis bonificaciones #1, 2, 3 que no están a la venta ni disponibles en ningún otro lugar que no sea a través de este programa.

        <u>Versión 2</u>: Me quedan 3 boletos para mi evento virtual de $5.000 dólares. Si compras este programa puedes obtener uno de los últimos 3 boletos como bonificación.

    b) <u>Bonificaciones con urgencia</u>

        <u>Versión 1</u>: Si compras hoy, añadiré una bonificación XYZ que normalmente cuesta $1.000, gratis. Y lo haré porque quiero recompensar a los que entran en acción.

    c) Con suerte, puedes haber notado las sutiles diferencias. Los dos primeros ejemplos no están limitados por el tiempo. Afirman que si compras el programa obtendrás cosas que normalmente no podrías conseguir. La bonificación con urgencia se refiere a que compren hoy, y si no compran hoy, pierden esas bonificaciones. Diferencia menor, pero digna de mención.

15) También puedes hacer que una garantía sea en sí misma una bonificación. Ej.: *"Quiero quitarte cualquier miedo que tengas a tomar la decisión hoy. Así que, si decides seguir adelante hoy, también te daré una garantía de devolución del dinero de 30 días, que normalmente no ofrezco".*

Ejercicio #23: Añade tus propias bonificaciones

Toma los elementos más convincentes de tu lista de soluciones. Piensa entre cinco y siete. Guárdalos para el final, cuando necesites llevar a las personas al límite. No dudes en añadir nuevas bonificaciones en las que te hayan hecho pensar los puntos anteriores.

Bonificación #1:_____

Bonificación #2:_____

Bonificación #3:_____

Bonificación #4:_____

Bonificación #5:_____

Bonificación #6:_____

Bonificación #7:_____

Recordatorio: Seguirás dando las bonificaciones a todos los clientes que compren. A los clientes fáciles de convencer, les darás las bonificaciones *después* de que compren. A los clientes difíciles de convencer, les darás las bonificaciones *antes* de que compren y luego les volverás a ofrecer la venta. Las bonificaciones sobrantes se las darás después para que te quieran mucho más.

Bonificaciones de nivel avanzado - Productos y servicios ajenos

Ofrece a las empresas no competidoras una exposición gratuita a tus clientes permitiéndote incluir muestras gratuitas/con descuento de *sus* servicios y productos como parte de *tus* bonificaciones. Para encontrarlas, piensa en todas las demás cosas que tu cliente estaría interesado en comprar *antes* o *después* de utilizar tu producto/servicio. ¡A veces puedes justificar todo el precio con bonificaciones que ni siquiera tienes que entregar tú!

Esto ofrece:

Marketing gratuito para ellos.

Valor agregado gratuito para ti, por el que puedes seguir cobrando.

Todos ganan.

Ejemplo: Si tuviera una clínica del dolor, podría conseguir que un masajista me diera 1-2 masajes gratuitos a cambio de incorporarlos en mi oferta. Además de eso, podría conseguir:

...que un quiropráctico me de dos sesiones gratis. (Valor: $100)

...que una empresa de alimentos bajos en inflamación me haga descuentos en sus productos (ahorro de $50)

...descuentos en aparatos ortopédicos ($150 de ahorro)

...un gimnasio local que me ofrezca una sesión de entrenamiento personal gratuita y un mes gratis de membresía para ingresar a la piscina (valor de $100).

...descuentos en medicamentos de la farmacia local (ahorro de $100 al mes).

...repetir lo anterior con varios proveedores de servicios (si consigo que diez quiroprácticos me den una sesión gratis, tendré diez sesiones gratis en mi paquete).

...etc.

Ahora bien, si mi oferta fuera de $400, entonces el valor de estas bonificaciones gratuitas POR SÍ SOLAS supera los $ 400. ¡Y ni siquiera tengo que entregar nada de esto! Podría vender solamente esto y quedarme con todas las ganancias.

Movimiento avanzado: Incluso puedes conseguir que te paguen por entregar sus cosas gratis. De esta manera, el cliente no sólo te paga por tu oferta con la bonificación, sino que también puedes pedir una cantidad fija por presentación o un porcentaje de las ventas que haga la empresa después de que les hayas presentado a tus clientes. ¡Ahora las bonificaciones se convierten en fuentes de ingresos!

Ejemplo Avanzado: Así que digamos también que negociamos las siguientes "*comisiones*" por hacer la introducción a estas empresas.

...el quiropráctico te da $100 por persona que acuda a su consulta

...la empresa de alimentos te da comida gratis (¡qué rico!)

...la empresa de aparatos ortopédicos te da $100 por persona recomendada

...un gimnasio te regala una membresía gratuita o $50 por cada persona que se inscriba

...la farmacia te da $100 por persona

Nuestra oferta de 400 dólares tiene ahora la posibilidad de hacernos ganar 350 dólares más... *¡pura ganancia!* Esa es la belleza de estas relaciones. Los otros negocios te pagarán y tú no tienes que hacer *nada* más que referirles clientes que ya habías adquirido.

Ejercicio #24: Agrega bonificaciones <u>de otras empresas</u> a tu oferta

Enumera las empresas a las que podrían acudir tus clientes y con las que <u>no</u> compites directamente y lo que podrían estar dispuestos a regalarte a cambio de que los presentes. Inspírate en los ejemplos anteriores.

Negocio #1:_____ → (regalo) _____

Negocio #2:_____ → (regalo) _____

Negocio #3:_____ → (regalo) _____

Negocio #4:_____ → (regalo) _____

Negocio #5:_____ → (regalo) _____

Negocio #6:_____ → (regalo) _____

Recordatorio: Obtén el valor de venta al público de cada artículo. Añádelo al valor total de tu oferta. Además, puede que consigas algunas referencias de la empresa.

Todo lo que tienes que hacer para iniciar esta conversación con otro empresario es preguntarle si puedes recomendarle clientes. Casi todas las empresas dirán que sí. A continuación, pregúntales qué promoción realmente atractiva podrías ofrecer a tus clientes en su nombre. Puedes ver más sobre esto en mi libro "Prospectos $100M".

Resumiendo

Las bonificaciones amplían la discrepancia entre precio y valor y consiguen que compren personas que de otro modo no lo harían. Aumentan la percepción que tienen los clientes potenciales del valor de nuestra oferta. Puedes crear tus propias bonificaciones o utilizar las de otros. Y, si negocias bien, incluso puedes conseguir que otras empresas te paguen más dinero por dar más valor a tus clientes.

REGALO No. 8. BONIFICACIÓN...SOBRE...BONIFICACIONES

Hay un millón y una maneras de utilizar bonificaciones en tus ofertas. Puedes conseguir que la gente actúe más rápido. Puedes anclar el precio y el producto (poco conocido). Puedes conseguir que más gente diga que sí de lo que lo harías de otra manera. Si quieres hacer una inmersión profunda en vivo conmigo en el tema, visita Acquisition.com/training/offers y selecciona "Bonus creation" (Creación de bonificaciones) para ver un breve tutorial en video. También tengo una Lista de verificación de bonificaciones gratuita que utilizo al crear ofertas. Úsala para tu propio negocio, ¡cortesía de la casa! También puedes escanear el código QR si no quieres escribir.

Problema #10: No están comprando
→ Solución #10: Agrega garantías

"Te va a gustar cómo te ves... te lo garantizo".
— **Un anuncio de Men's Warehouse que duró toda la vida.**

GARANTÍAS QUE VALEN SU PESO EN ~~ORO~~

La mayor objeción a cualquier producto o servicio que se venda es... redoble de tambores... el *riesgo*. El riesgo de que no haga lo que se supone que tiene que hacer por ellos. Por lo tanto, revertir el riesgo es una forma inmediata de hacer más atractiva cualquier oferta.

"SI NO OBTIENES X RESULTADO EN Y PERÍODO DE TIEMPO, HAREMOS..."

Lo que hace que una garantía tenga *poder* es una declaración condicional: "Si no obtienes X resultado en Y período de tiempo, haremos Z".

Para dar una garantía mejor que la devolución del dinero tienes que decidir qué harás si *no* obtienen el resultado. Sin el "o qué" de la garantía, esto suena débil y diluido.

Nota: Esto es lo que hacen la mayoría de los vendedores. Y por eso no funciona para la mayoría.

Ejemplo de mala garantía: Le conseguiremos 20 clientes garantizados.

Ejemplo de mejor garantía: Conseguirá 20 clientes en sus primeros 30 días o le devolvemos su dinero + los dólares que invirtió en publicidad con nosotros. Esta es una garantía simple, pero fuerte.

Las garantías pueden multiplicar por 2 y hasta por 4 las conversiones. Así que sí, concéntrate en ellas.

Hablaré brevemente de los números de las garantías y luego repasaré los cuatro tipos de garantías.

Matemáticas de las garantías: Ganarás <u>Más</u> dinero aunque devuelvas parte de él.

Ejemplo:

- Supongamos que al añadir una garantía de devolución del dinero, cierras un treinta por ciento más de ventas.

  o 100 ventas→130 ventas

- Pero tu porcentaje de devolución se *duplica* del 5% al 10%.

  o 5 Devoluciones (5% *100)→ 13 Devoluciones (10% *130)

- Aun así has ganado 1,23 veces más dinero, es decir, un 23% más, y todo eso va a parar a la ganancia neta....

  o Forma antigua: 100 ventas - 5 devoluciones = 95 ventas

  o Forma con garantía: 130 ventas - 13 devoluciones = 117 ventas

  o 117/95 = 1,23 x→ ¡un 23% más de ventas!

Para que una garantía *no* valga la pena, el aumento de las ventas tendría que verse compensado al 100% por las devoluciones. Por lo general, cuanto mayor sea la garantía, mayor será el incremento *neto* de las compras totales, aunque el índice de devoluciones aumente paralelamente. Solo haz las cuentas.

Advertencia: Si tienes grandes costos asociados al trabajo que haces, puedes estructurar las garantías de otras maneras para seguir vendiendo más sin perder. A continuación te mostraré cómo.

Cuatro tipos de garantías

Existen cuatro tipos de garantías: Incondicional, Condicional, Anti-garantía y Garantía Implícita. Para cada tipo de garantía, analizaré: la "condición", el "qué obtienen", mi punto de vista y cómo redactarlas en el mundo real.

1) Garantías de reembolso incondicionales "Sin preguntas"

Las garantías incondicionales son las garantías más fuertes. Básicamente son una prueba en la que primero pagan y luego ven si les gusta. Esto hace que MUCHA más gente compre, pero *habrá* quienes te pidan reembolsos.

Garantía: Si no obtienes X en un período de tiempo Y, haremos [insertar oferta] …

Qué obtiene el cliente: A) un reembolso total, B) un reembolso del 50%, C) un reembolso de su inversión en publicidad y de los gastos adicionales incurridos, D) el pago de un programa de la competencia, E) la devolución de su dinero más 1.000 dólares adicionales (u otra cantidad aplicable).

Mi Opinión: Esto no puede ser más simple. También es muy arriesgado. Tú te pones en una situación en la que si alguien no logra los resultados, ya sea por tu culpa o no, seguirás siendo responsable. Así que, haz los números. No se recomienda para ofertas con altos costos de cumplimiento irrecuperables.

Guión: Esta es la mejor redacción que he visto de una garantía incondicional. He copiado este texto de Jason Fladlien (con su permiso).

"No te pido que te decidas hoy por sí o por no… Te pido que tomes una decisión plenamente informada, eso es todo. La única manera de tomar una decisión con conocimiento de causa es desde adentro, no desde afuera. Así que entra y comprueba si todo lo que decimos en este Webinar es cierto y valioso para ti. Luego, si lo es, puedes decidir quedarte. Si no es para ti, no habrá rencores. Entonces, después de inscribirte en la URL podrás tomar una decisión totalmente informada de que esto no es para ti. Pero no puedes tomar esta decisión ahora mismo por la misma razón por la que no compras una casa sin antes verla por dentro. Y ten en cuenta lo siguiente… ya sea dentro de 29 minutos o dentro de 29 días… si no estás contento, yo no estaré contento. Por la razón que sea, si quieres que te devuelva el dinero puedes conseguirlo porque sólo quiero quedarme con tu dinero si tú estás contento. Lo único que tienes que hacer es ir a support@xyz.com y decirnos "devuélveme mi dinero" y lo tendrás, y en poco tiempo - nuestros tiempos de respuesta a cualquier petición de soporte promedian los 61 minutos, 24/7. Sólo se puede hacer una garantía de este tipo cuando se está seguro de que lo que tienes es el verdadero negocio y estoy bastante seguro de que cuando te registres en la URL, obtendrás exactamente lo que necesitas para BENEFICIARTE".

[Alternativa]Garantía de reembolso basada en la "Satisfacción":

Qué obtiene el cliente: Si en algún momento no están satisfechos con el nivel de servicio que están recibiendo de ti, pueden solicitar un reembolso (en cualquier momento) por el programa.

Mi Opinión: Esta era mi garantía cuando vendía programas para perder peso. Además de ser una oferta irresistible, garantizaba la satisfacción (no los resultados). Utilicé la fuerza de mi garantía para cerrar muchos tratos. Si eres bueno en lo que haces, puedes usar una garantía como esta para empujar a mucha gente al límite. Esa frase me hizo ganar mucho dinero. De 4.000 ventas en tres años y medio, dos la utilizaron.

Guión: *"¿Crees que seguiría en el negocio si ofreciera una garantía tan loca como esta y no fuera bueno en lo que hago? Ahora bien, no te garantizo que vayas a alcanzar este objetivo en seis semanas, después de todo, porque no puedo comer la comida por ti. Pero te estoy garantizando que recibirás $500 en valor y servicios de nuestra parte para apoyarte. Si no sientes que te hemos dado ese nivel de servicio, te haré un cheque el día que me digas que apestamos".*

Funciona perfectamente con un cierre en base al mejor y al peor de los casos. *"En el mejor de los casos, logras tener el cuerpo de tus sueños y te damos todo tu dinero para que te quedes con nosotros y consigas tu objetivo a largo plazo. En el peor de los casos, me dices que soy malísimo, te hago un cheque y te doy seis semanas de entrenamiento gratis. Ambas opciones están libres de riesgo. Pero lo único que está garantizado que no te ayudará, es irte de aquí hoy mismo".*

2) Garantías condicionales

Las garantías condicionales incluyen "términos y condiciones" a la garantía. Ambas partes son flexibles. Lo que las califica para una garantía y lo que ofreces como resultado. Con las garantías condicionales puedes ser muy creativo. En general, se trata de garantías "mejores que la devolución del dinero".

Consejo: Si conoces las acciones clave que alguien debe realizar para tener éxito, haz que formen parte de la garantía condicional. En un mundo ideal, el 100% de tus clientes tendrían derecho a una garantía condicional, pero ya habrán conseguido su resultado y, por lo tanto, no querrán aceptarla. Además, si se les da la opción de conseguir su dinero o conseguir el resultado, la gran mayoría se quedaría con el resultado (por eso compran en primer lugar).

Te daré diez ejemplos diferentes de garantías condicionales para mostrarte lo creativo que puedes llegar a ser.

2a) Garantía condicional de reembolso sobredimensionado

Lo que obtiene el cliente: el doble o el triple de su dinero, o un pago sin condiciones de $ X.XXX (u otra cantidad que sea mucho más de lo que pagó).

Mi opinión: esto es para cuando vendes algo con márgenes altos. Y es una garantía que debes añadir *con* una condición de consumo. Eso significa que deben hacer una serie de cosas para calificar para esta garantía. Un mercadólogo de clase mundial, Jason Fladlien (quien generó $ 27M en un solo día), recientemente utilizó una garantía increíble para un curso que vendió. Dijo: "Si usted compra este curso y gasta $ X en la publicidad de su tienda de comercio electrónico utilizando los métodos aquí expuestos, y no gana dinero, le compraré su tienda por $25.000 sin hacer preguntas". Afirmó que obtuvo $3 millones adicionales en ventas de esta garantía loca para un curso de $ 2.997. Lo más increíble, es que sólo dio 10 de estos reembolsos de $ 25.000. Así que el reembolso generó $ 2.75 millones en ventas adicionales. Eso es lo que una garantía loca podría hacer por ti.

En general, una garantía muy fuerte como esta, definitivamente impulsará más ventas. Esto realmente sirve cuando necesitas que tu cliente potencial haga muchas cosas y, suponiendo que esas cosas se hagan, hay una baja probabilidad de que el resultado no se logre. A veces, una garantía de este tipo puede incluso mejorar los resultados para los clientes. Esta garantía suele superar en rendimiento a una garantía tradicional de devolución del dinero en 30 días en términos de conversiones netas (ventas menos reembolsos).

2b) Garantía condicional de servicio

Lo que obtiene el cliente: seguirás trabajando gratis para ellos hasta que logren X.

Mi opinión: esta es probablemente mi garantía favorita de todos los tiempos. Esencialmente garantiza que lograrán su objetivo, pero elimina el elemento del tiempo. Tú nunca corres el riesgo de perder dinero. El riesgo es el costo de la prestación continua del servicio. La garantía gira en torno al resultado. Para darle un toque extra, puedes condicionar esta garantía a que realicen acciones clave relacionadas con el éxito: configurar una página Web, asistir a los llamados, presentarse a los entrenamientos, pesarse, reportar datos, etc.

2c) Garantía de servicio modificada

Lo que obtiene el cliente: les das otro período de servicio o acceso a tus productos/servicios de forma gratuita por *Y* tiempo adicional. Por lo general, *Y* debería al menos duplicar la duración original.

Mi opinión: es como la garantía de servicio, pero vincula una duración específica más prolongada a tu trabajo o participación. Así que en lugar de estar comprometido "para siempre", sólo te comprometes por un período adicional Y de tiempo. Lo he visto funcionar mágicamente y mantener el negocio en carrera por un período más finito de tiempo, lo cual puede ser un punto de partida más fácil antes de ofrecer la garantía de servicio total mencionada anteriormente. Esto funciona mejor para empresas con costos significativos de entrega continua.

2d) Garantía basada en el crédito

Lo que obtiene el cliente: les devuelves lo que pagaron, pero en forma de crédito para algún otro servicio que ofrezcas.

Mi opinión: esto se utiliza mejor durante un proceso de *upsell* (venta adicional) para cerrar el trato en un servicio sobre el cual no están seguros de que les vaya a gustar. Ya les gusta lo que tienen, y tú estás intentando venderles *más* de eso. En el peor de los casos, pueden aplicar el crédito a lo que ya les gusta. Así se mantiene la buena relación con el cliente.

2e) Garantía de servicio personal

Lo que obtiene el cliente: trabajas con ellos uno a uno, de manera personalizada, de forma gratuita, hasta que alcanzan el objetivo o resultado *X*.

Mi opinión: esta es, sin duda, una de las garantías más sólidas que existen. Es como una garantía de servicio, pero llevada al extremo. *Definitivamente* querrás incluir condiciones.

Ejemplo de condiciones: deben responder en veinticuatro horas, deben utilizar los productos que les digas, deben hacer XYZ. Solo si lo hacen, seguirás trabajando con ellos de manera personalizada.

Esto es especialmente poderoso a medida que escalas y te consolidas como propietario de un negocio. ¿Te imaginas a uno de mis vendedores diciendo: "Alex trabajará personalmente contigo hasta que tu oferta convierta"? Pues sí. Funcionaría. También sería una pesadilla. Así que probablemente pondría contingencias como: "Siempre que ya hayas gastado 10.000 dólares en tu oferta existente utilizando nuestra estructura, que la oferta que hayas lanzado sea para generar clientes potenciales y que sea una oferta gratuita". Estas son cosas que harían poco probable que no tuvieran éxito. Si por alguna razón *no lo hubieran logrado* con esas condiciones, probablemente yo podría solucionar su problema en diez minutos con sólo mirarlo, lo que reduce mi riesgo.

2f) Garantía de beneficios en hotel + pasaje aéreo

Lo que obtiene el cliente: si no recibe valor, le reembolsaremos el costo del producto *y su* hotel + el pasaje de avión.

Mi opinión: esto es técnicamente un "reembolso de gastos accesorios" como en nuestro primer ejemplo. Me gusta mucho para talleres y experiencias presenciales. Normalmente, el evento costaría más que el hotel y el pasaje de avión, así que es como agregar 1.000 dólares adicionales a una garantía, pero de una manera mucho más tangible. Es lo suficientemente original como para que la gente la aprecie.

2g) Garantía de pago por horas trabajadas

Lo que obtiene el cliente: ofreces pagarles su tarifa por hora, sea cual sea, si no consideran valiosa tu visita/sesión con ellos.

Mi opinión: también se trata de una garantía de costo accesorio, pero muy original. Si alguna vez alguien te pide el pago por las horas trabajadas, pídele su declaración de renta y divídela entre 1.960 (número de horas trabajadas a 40 h/semana durante un año). Pero nadie que pida un reembolso hará eso, así que nunca tendrás que dar una de estas. Nunca.

2h) Garantía de liberación de servicios

Lo que obtiene el cliente: los liberas de su contrato, sin cargo.

Mi opinión: esto anula una tasa de compromiso o tarifa de cancelación. Si tu empresa tiene compromisos, contratos o cláusulas ejecutables, ésta puede ser una garantía poderosa. Mejor aún, si tienes un negocio que no logra el cumplimiento de sus contratos, entonces no tienes nada que perder añadiendo la garantía.

2i) Garantía de un segundo pago diferido

Lo que obtiene el cliente: no volverás a facturarles hasta *después* de que hayan conseguido su primer resultado. Por ejemplo: Pierde tus primeros dos kilos... realiza tu primera venta... crea tu sitio Web, etc.

Mi opinión: me gusta mucho esta garantía, sobre todo si tienes un proceso muy sistematizado para lograr el primer resultado. Hace que el cliente potencial piense en términos de acción rápida y se ponga en marcha. También centrará a tu equipo en la activación de tu cliente. Esta es una gran opción cuando se sabe qué métrica o acción impulsa la activación (indicador predictivo de retención a largo plazo) de un cliente. He utilizado con éxito esta garantía muchísimas veces.

2j) Garantía de primer resultado

Lo que obtiene el cliente: tú sigues pagando sus costos accesorios (gastos publicitarios, hotel, etc.) hasta que alcanzan su primer resultado. Ejemplo: Si no realiza su primera venta en 14 días, pagaremos su gasto en publicidad hasta que la realice.

Mi opinión: igual que el segundo pago diferido, sólo que centrado en un costo diferente. Personalmente, me gusta mucho esta configuración. Mantiene a todo el mundo enfocado en conseguir que el primer dólar cruce el puente. Una vez que ese cruza, el segundo llega poco después.

2k) Garantía de prepago

Lo que obtiene el cliente: no es necesario que garantices todo lo que vendes. En su lugar, puedes optar también por garantizar un plan de pago específico o una opción que quieras que alguien tome. De esta manera, la garantía incentiva una acción o compromiso deseados.

Mi opinión: esto es súper eficaz si tienes un producto o servicio que muchas personas dudan que vayan a completar o tener éxito. Ofrecer una garantía en función del pago por adelantado hace que se comprometan aún más. De esta forma, ambos ganan.

Guión: Imagina que alguien acaba de aceptar inscribirse. Entonces le dices: *"¿Prefiere pagar menos dinero hoy o recuperar todo su dinero?". Te piden una aclaración. Les respondes: "Son 4.000 dólares. Puede hacerlo en cuatro pagos de $ 1.000, o puede pagar por adelantado los $ 4.000 y le garantizamos XYZ". Las personas que pagan por adelantado se comprometen más y siguen adelante, así que nos gusta animarlas a que lo hagan con esta garantía".* Así que ahora los clientes tienen una razón aún mayor para pagar por adelantado el servicio.

3) Anti-garantías

Las anti-garantías se dan cuando declaras explícitamente que "todas las ventas son definitivas". Quieres adueñarte de esta posición. Inventa una "razón" creativa por la que las ventas sean definitivas. Muestra una exposición o vulnerabilidad masiva por tu parte que un consumidor pueda entender inmediatamente y pensar "Sí, tiene sentido". Este tipo de garantías son especialmente importantes con artículos consumibles o cuyo valor disminuye una vez entregados.

Lo que obtiene el cliente: acceso a un servicio/producto súper exclusivo y muy valioso. Es probable que se trate de algo muy poderoso que, una vez visto, no se puede "des-ver" o que, una vez utilizado, no se puede abandonar. Ejemplo: una línea de código para mejorar la experiencia de pago en un sitio Web. Una vez que alguien recibiera este código, podría intentar utilizarlo sin pagarte. O una serie de mensajes iniciadores de conversación para ligar con chicas o frases de apertura para enviar mensajes a clientes potenciales en frío. Cosas que son muy valiosas pero increíblemente fáciles de robar después de haberlas visto/comprendido.

Mi opinión: esto *implica* que el cliente lo va a utilizar y va a ver un inmenso beneficio, exponiendo así a la empresa a la vulnerabilidad. Actúa como una admisión perjudicial. Tenemos una política de que "todas las ventas son definitivas", *pero* es porque nuestro producto es tan exclusivo y tan poderoso que una vez utilizado no puede dejar de usarse". Dado que es tan habitual tener algún tipo de garantía, no tenerla llama la atención.

Así que, en vez de ser evasivo, apóyate en el hecho de que tu producto funciona tan bien y es tan fácil de copiar que debes hacer que todas las ventas sean definitivas. Te creerán aún más si adoptas esta postura.

Guión: *"Vamos a mostrarle nuestro proceso patentado que estamos utilizando ahora mismo para generar prospectos en nuestro negocio. Nuestros embudos, anuncios y métricas. Vamos a exponer el funcionamiento interno de nuestro negocio, como resultado, todas las ventas son definitivas".* Nota: aquí se necesita una razón de peso. Inventa una que suene convincente. Cuanto más puedas mostrar una exposición real, más eficaz será.

Las Anti-garantías también pueden funcionar muy bien con productos y servicios de alto costo que requieren mucho trabajo o personalización. *"Si usted es el tipo de cliente que necesita una garantía antes de dar el salto, entonces no es el tipo de persona con la que queremos trabajar. Queremos personas motivadas y con iniciativa, que sepan seguir las instrucciones y no busquen una salida antes de empezar. Si no va en serio, no lo compre. Pero si está convencido, se va a llenar de dinero".*

4) Garantías Implícitas

Las garantías implícitas son ofertas basadas en los rendimientos. Pueden adoptar muchas formas: *Revshare* (participación en los ingresos), *Profitshare* (participación en los beneficios), disparadores, *Ratchets* (distribución de capital), bonos monetarios, etc. son todos ejemplos. El concepto final es el mismo: *"si no obtengo resultados, no cobro".* Esta estructura en particular también confiere la ventaja de *"si hago un gran trabajo, me remunerarán muy bien".* Esto sólo funciona en situaciones en las que hay transparencia para medir los resultados y confianza (o control) en que se recibirá una remuneración cuando efectivamente haya rendimientos.

Los inconvenientes son el seguimiento y el cobro. Así que si puedes encontrar una forma de solucionarlos... has dado con una mina de oro. Aquí tienes algunos ejemplos:

Rendimiento: A) ...solo págueme $XXX por Venta/ $XXX por Show B) $XX por Kg Perdido

Revshare: A) 10% de los Ingresos Brutos B) 20% de Participación en los Ingresos C) 25% del Crecimiento de los Ingresos a partir de la base

Profit Share: A) X% de los Beneficios B) X% de la Ganancia Bruta

Ratchets: 10% si superamos X, 20% si superamos Y, 30% si superamos Z

Bonificaciones/Disparadores: Recibo X cuando ocurre Y.

<u>Lo que obtiene el cliente</u>: si no obtiene resultados, no tienen que pagar. Si los obtiene, tu remuneración se ha determinado sobre la base de un acuerdo decidido *antes* de empezar a trabajar.

<u>Mi opinión</u>: si eres bueno, esta es una de las configuraciones más deseables, si no LA MÁS deseable. La alineación perfecta entre cliente y proveedor de servicios fomenta la colaboración y una relación a largo plazo. Soy un gran fan de esta opción. Esta es una parte de la oferta que enseñamos a las agencias que utilizan nuestro *software ALAN*. Los ayudamos a cambiar de un modelo de retención a un modelo de rendimiento y lo envolvimos en la Oferta Grand Slam que ya expliqué. He visto innumerables agencias pasar de $ 20k/mes a $ 200k+/mes en cuestión de pocos meses.

Ejemplo de mínimo o de *Revshare (participación en ingresos)*: Puedes combinar una oferta de participación en ingresos o rendimiento con un mínimo. Sería como decir *"nos llevamos lo que supere los $1.000 o el 10% de los ingresos generados"*. Así, si el cliente no genera dinero por el motivo que sea, esto al menos cubre tus costos de servicios, etc.

O decir *"obtenemos $1.000/mes durante los primeros 3 meses y, después de eso, cambiamos a un modelo 100% basado en rendimiento"*. Esto sería ideal para una configuración que toma mucho tiempo para ponerse en marcha.

Este tipo de ofertas funcionan bien cuando se tienen resultados cuantificables.

Ejercicio #25: Crea tu garantía

Sigue la fórmula de la garantía para crear tus propias garantías...

1) **Incondicional:** Si no está satisfecho de alguna manera, nosotros: _____
_____.

2) **Condicional 1:** Si _____ (resultado) no se produce en _____(tiempo), y usted _____ (condiciones), nosotros _____.

3) **Condicional 2:** Si _____ (resultado) no se produce en _____(tiempo), y usted _____ (condiciones), nosotros _____.

4) **Garantía basada en resultados/Implícita:** Por cada _____ _____, nosotros_____.

****He quitado la Anti-garantía de los ejercicios porque se explica sola.

Acumulando garantías (Avanzado)

Al igual que las bonificaciones, se pueden acumular varias garantías para eliminar el riesgo percibido.

Ejemplo: Ofreces una garantía incondicional de 30 días sin preguntas y, además, una garantía condicional de 90 días con devolución del triple del dinero.

También puedes apilar dos garantías condicionales en torno a resultados diferentes (o secuenciales).

Ejemplo: *"Ganarás 10.000 dólares en 60 días, 30.000 dólares en 90 días siempre que hagas las cosas 1, 2 y 3".* De este modo, el cliente potencial se aproxima a un resultado que ahora considera mucho más probable (ya que tú lo detallarás deliberadamente en una garantía condicional con un plazo para su consecución). Esto demuestra al cliente potencial que te tomas en serio la obtención de resultados y que estás convencido de que conseguirá lo que desea. Esto desplaza la carga del riesgo de ellos a nosotros... una estrategia muy poderosa.

Nombra tu garantía de manera atractiva

En lugar de utilizar "satisfacción" o alguna otra palabra "liviana", descríbela con más fuerza.

- **Ejemplo genérico** (malo): Garantía de satisfacción o le devolvemos su dinero en 30 días.

- **Ejemplo con imaginación creativa No. 1** (Bueno): En 30 días, si no está dispuesto a lanzarse a aguas infestadas de tiburones para recuperar nuestro producto, le devolveremos cada dólar que haya pagado.

- **Ejemplo con imaginación creativa No. 2** (Genial): Obtendrá nuestra famosa "Garantía: Mate a una foca bebé" después de 30 días de utilizar nuestros servicios. Si no mataría a una foca bebé para seguir siendo nuestro cliente, no tendrá que pagar ni un solo centavo.

Resumiendo: Crea tu propia garantía ganadora

- Revertir el riesgo es la forma número uno de aumentar la conversión de una oferta.

- Los mercadólogos experimentados dedican tanto tiempo a elaborar sus garantías como a los propios productos. Es así de importante.

- Identifica los mayores miedos, dolores y obstáculos percibidos del cliente. Pregúntate: *"¿Qué es lo que no quieren que ocurra si te pagan? ¿Qué es lo que más temen?"* Convierte sus miedos en una garantía. Considera el tiempo, las emociones y los costos externos asociados a cualquier programa o servicio.

- Cuanto más específica y creativa sea la garantía, mejor.

- Evita las garantías incondicionales si lo que vendes es costoso de entregar, a menos que realmente sepas lo que estás haciendo.

- Explica *siempre* tu garantía, incluso si no la tienes. Dilo con audacia y explica el motivo.

- Ponle un nombre atractivo a tu garantía.

- Agrupa las garantías para obtener resultados aún más espectaculares.

REGALO No. 9. BONIFICACIÓN: CREA UNA GARANTÍA GANADORA CONMIGO

Las garantías pueden hacer o deshacer negocios. Son como la dinamita, pueden ser increíblemente poderosas si están en manos de un experto. Dirígete a Acquisition. com/training/offers y selecciona "Creating Guarantees" (Creando Garantías) para ver un video tutorial corto para que puedas empezar a usar esto en tu negocio para hacer más ventas lo más pronto posible. También he creado una Lista de verificación de garantías gratuita para que la utilices cuando analices todas las variables. También puedes escanear el código QR si no quieres escribir. Como siempre, es absolutamente gratis. ¡Que lo disfrutes!

Problema #11: Están comprando las personas equivocadas → Solución #11: Cambia el nombre

Efecto del egoísmo implícito: en general, nos sentimos atraídos por las cosas y las personas que más se parecen a nosotros.

FÓRMULA DE NOMBRE M-Á-G-I-C-A

Una Oferta Grand Slam no te hará ganar dinero si nadie se entera de ella. El objetivo debe ser que, al oír hablar de tu oferta, tus clientes potenciales ideales estén lo suficientemente interesados como para pasar a la acción. Nombrar una oferta correctamente determina la conversión de tu publicidad, la cantidad de respuestas que obtienes de los correos electrónicos salientes/llamadas en frío/mensajes de texto y la cantidad de respuestas entrantes que obtienes de los comentarios orgánicos.

Es importante.

Dicho esto, te mostraré cómo generar nombres ilimitados o "envoltorios" para tu oferta. De esta forma la oferta nunca se fatiga, sin importar lo pequeño que sea tu mercado. Esta es la clave para la generación de prospectos perpetuos.

Ten en cuenta que en realidad no estamos cambiando los componentes principales de la oferta. Simplemente cambiamos el nombre para mantenerla "fresca" a los ojos del mercado.

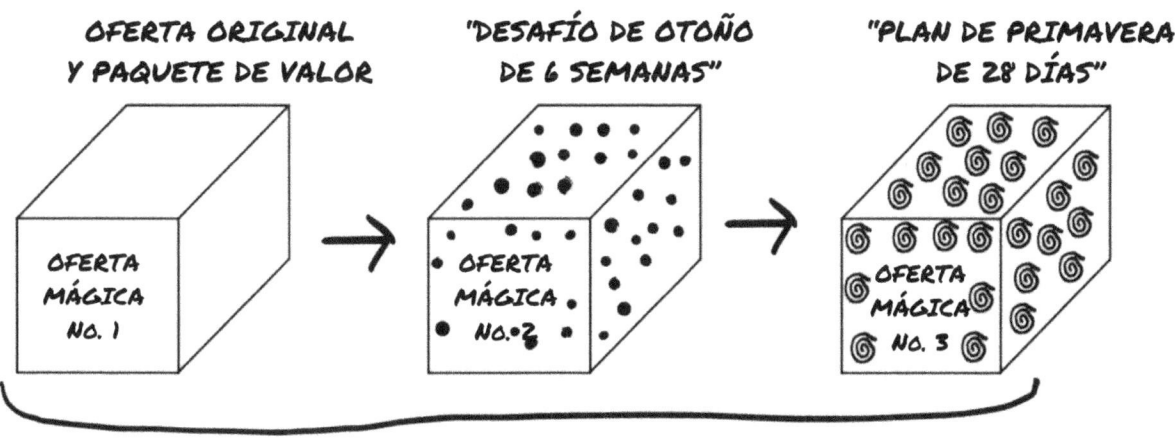

OFERTA ORIGINAL Y PAQUETE DE VALOR · "DESAFÍO DE OTOÑO DE 6 SEMANAS" · "PLAN DE PRIMAVERA DE 28 DÍAS"

OFERTA MÁGICA NO. 1 · OFERTA MÁGICA NO. 2 · OFERTA MÁGICA NO. 3

MISMO PAQUETE, DISTINTO ENVOLTORIO

Fórmula de Nombre M-Á-G-I-C-a

Esta es la fórmula más sencilla que he encontrado para que esto funcione en el mundo real.

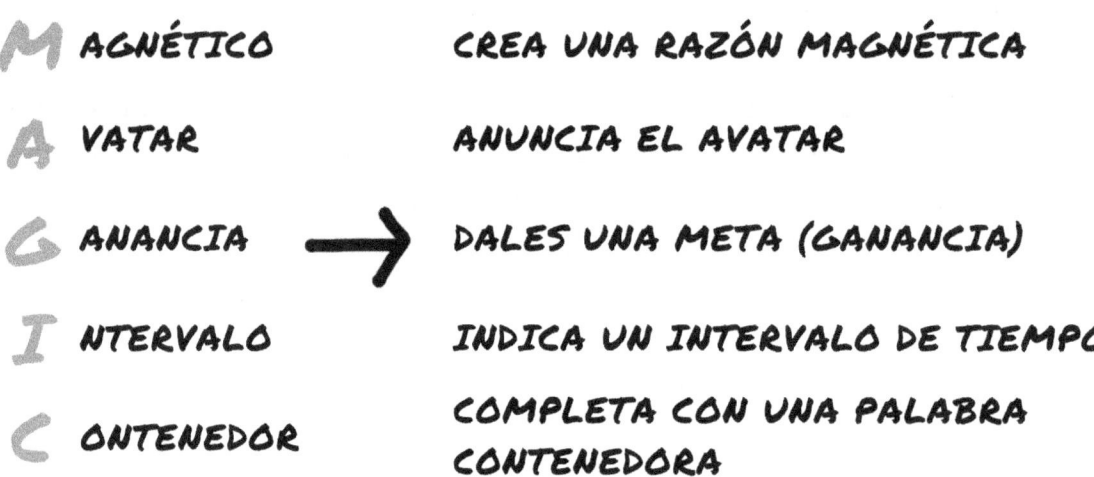

No todos estos componentes son obligatorios. Lo normal es utilizar entre tres y cinco de ellos para nombrar un programa o servicio. Si puedes incluirlos todos, estupendo, pero es probable que el nombre resulte demasiado largo. Cuanto más corto y contundente, mejor. Es un equilibrio entre brevedad y especificidad. La única forma de saber realmente lo que funciona es escribir los nombres y probarlos.

Repasemos ahora los componentes.

M - "Razón" Magnética

Empezamos el nombre con una palabra o frase que diga la "razón por la cual" estamos llevando a cabo nuestra promoción.

Me gusta decirle a las personas que piensen como si fuesen organizadores de una fiesta de fraternidad. Cuando estaba en la universidad, una vez hicimos una fiesta porque a un chico le sacaron las muelas de juicio. Digo esto para decir que... el "por qué" puede ser literalmente cualquier cosa siempre y cuando creas en él. Esto debería responder a una o ambas de las siguientes preguntas: *¿Por qué están haciendo esta gran oferta? o ¿Por qué debería responder a esta oferta?/¿Qué gano yo?*

Ejemplos: Gratis, 88% de Descuento, Regalo; 88% de Descuento primavera-verano por la vuelta a clases; Gran apertura; Nueva administración; Nuevo edificio; Aniversario; Halloween; Año Nuevo.

A - Avatar

Describe a tu avatar ideal: a quién buscas y a quién no buscas como cliente. Debes ser lo más específico posible, pero no más. Cuando te diriges a un área local, cuanto más local puedas hacer tu titular, más clientes convertirás. Así que no te dirijas a una ciudad sino a un submercado o a un barrio híperlocal.

Ejemplos Híperespecíficos: No Baltimore, sino Towson, MD. No Chicago, sino Hinsdale, etc.

Otros Ejemplos: Odontólogos de Bee Cave; Madres de Rolling Hills; Negocios tradicionales; Dueños de salones de belleza; Atletas retirados; Ejecutivos ocupados de Brooklyn.

G - Ganancia

Es el resultado soñado de tu cliente potencial. Puede ser una sola palabra o una frase. Puede ser un acontecimiento, un sentimiento, una experiencia o un resultado, cualquier cosa que los entusiasme. Cuanto más específico y tangible, mejor.

Ejemplos: Adiós dolor; Sonrisa de celebridad; Consigue el 1er puesto; Nunca te quedes sin aliento; El producto perfecto; Una Oferta Grand Slam; Duplica tus ganancias; Primer cliente; Entrada preferencial; 7 Cifras; $100K, etc.

I - Indica un intervalo de tiempo

Dile a la gente cuánto tiempo tardará en llegar al resultado que prometes. Considera la posibilidad de cambiar los intervalos de tiempo (por ejemplo, de semanas a días). A veces 42 días convierten mejor que 6 semanas. Sólo tienes que probarlo.

Ejemplos: AA Minutos, BB Horas, CC Días, DD Semanas, Z Meses. "4 Horas", "21 Días", "6 Semanas", "3 Meses".

Nota: Algunas plataformas no lo permiten. Así que obedece sus reglas.

C - Completa con una palabra contenedora

La palabra contenedora denota que esta oferta es un conjunto de muchas cosas juntas. Es un sistema. Es algo que no puede compararse con una alternativa comoditizada.

Ejemplos: Desafío, Plan, Campamento, Intensivo, Incubadora, Clase magistral, Programa, Detox, Experiencia, Cumbre, Acelerador, Vía rápida, Atajo, Carrera, Lanzamiento, Impulso, Catapulta, Explosión, Sistema, Retiro, Encuentro, Transformación, *Mastermind*, Plan de juego, Inmersión profunda, Taller, Reencuentro, Renacimiento, Ataque, Asalto, Reseteo, Solución, Golpe certero, Código de trucos, Despegue, etc.

Rimas y Aliteraciones (Avanzado)

Las buenas rimas se quedan grabadas en la mente de las personas. Rima el nombre de tu programa para ganar el juego. Busca en Google "diccionario de rimas" para encontrar un atajo fácil. No intentes forzarlo. No es un requisito, es sólo un "extra agradable".

Ejemplos de Rimas: Abdominales de acero en tiempo cero. Libros en 5 días que te darán alegría. Un maratón de impresión. Inmersión profunda para que tu matrimonio no se hunda. Dieta de 12 semanas, ¡logras tu meta y ganas! 12 meses de reseteo: dale a tus deudas un recreo. Clase magistral: aprendizaje sin igual. Figura de renombre: ¡trasero que asombre! (me pareció gracioso), etc. Ya entiendes la idea.

Una alternativa a la rima es utilizar la aliteración cuando nombres el programa. La aliteración consiste en hacer que todas (o la mayoría) de las palabras empiecen por la misma letra o sonido. A la mayoría de las personas les resulta más fácil que rimar. De nuevo, no es necesario rimar o aliterar. No lo fuerces.

Ejemplos de Aliteraciones: Clase magistral para monetizar, Desafío: Cambia tu día a día, Campamento de campeones, Detox de deudas, Reseteo real inmobiliario, Experimenta a este entrenador excepcional, etc.

Recordatorio: Cambiar el envoltorio significa simplemente cambiar la percepción exterior de lo que es tu Oferta Grand Slam. Tu modelo monetario real, tus precios y tus servicios permanecerán prácticamente inalterados.

Ejercicio #26: Nombra tu oferta

Ya deberías tener un montón de activos a los que dar nombre. Utiliza la fórmula M-A-G-I-C-a para nombrar los siguientes (recuerda, sólo necesitas 2-3 de los elementos para hacer un nombre mucho más fuerte):

1) Tu Oferta Grand Slam
   M_____A_____G_____I_____C_____
2) Bonificación #1
   M_____A_____G_____I_____C_____
3) Bonificación #2
   M_____A_____G_____I_____C_____
4) Bonificación #3
   M_____A_____G_____I_____C_____
5) Bonificación #4
   M_____A_____G_____I_____C_____
6) Bonificación #5
   M_____A_____G_____I_____C_____
7) Bonificación #6
   M_____A_____G_____I_____C_____
8) Bonificación #7
   M_____A_____G_____I_____C_____
9) Garantía #1
   M_____A_____G_____I_____C_____
10) Garantía #2
   M_____A_____G_____I_____C_____

*Puntos adicionales por aliteraciones y rimas.

EJEMPLOS M-A-G-I-C-os

¡Reúne todos los componentes y pon a prueba la fórmula! Aquí tiene algunos ejemplos para cuatro sectores diferentes. Además de tu promoción general, también puedes utilizar la Fórmula de Nomenclatura M-A-G-I-C-A para cada bonificación de tu Oferta Grand Slam.

Bienestar

Desafío sin desmayos, seis semanas para llegar en forma a mayo.

Persiste en el proceso para perder peso: ¡ponle pasión a tu transformación con nuestra promoción!

Madres majestuosas, ¡maximicen su bienestar con nuestra promo poderosa!

Peluquería perfecta: Presume tu magnífica melena en 60 minutos

Desafío de seis semanas: Libérate del estrés

¡Sin cargo y sin tortura! 42 días de adelgazamiento sin sufrimiento.

Médicos

Transforma tu sonrisa con un descuento de $ 2.000

Madres de Lakeway: Descuento de $ 1.500 en ortodoncia para sus hijos

Madres de Lakeway: 12 meses para una sonrisa perfecta ($1.000 de descuento para 15 familias)

Aparatos de ortodoncia de regalo para la vuelta a clases

Gran inauguración: Radiografías y tratamiento gratis - Alivio instantáneo

¡No más dolores de espalda! Tratamiento tenaz, bienestar veraz en 90 días

¿Tensión? Masaje especial: promo verano para nuevos clientes por $ 1,00

Acompañamiento (*Coaching*)

Gana 5 clientes en 5 días

Intensivo de 12 semanas para que tu empresa llegue a 7 cifras

Lanzamiento: 14 días para encontrar tu producto perfecto

"¡Gimnasio repleto, éxito completo!" Llena tu gimnasio en 30 días (¡gratis!)

Qué ocurre cuando las ofertas se desgastan

A medida que promociones tus ofertas, necesitarás crear variaciones ya que los gustos del mercado van cambiando con el tiempo. Este es el orden en el que cambiarás las cosas para mantener un flujo constante de prospectos.

1) Cambia los elementos creativos (las imágenes y fotografías en tus anuncios)

2) Cambia texto principal de tus anuncios

3) Cambia el título - el "envoltorio" de tu oferta

   a) 'Desafío gratis de 6 semanas para adelgazar' por 'Desafío gratis de 6 semanas para tonificar'.

   b) 'Vuelta de las vacaciones' por 'Un nuevo año, un nuevo tú'.

4) Cambia la duración de tu oferta.

5) Cambia el potenciador de tu oferta (tu componente gratuito/descuento).

6) Cambia la estructura de monetización, la serie de ofertas que ofreces a los clientes potenciales y los precios asociados a ellas (Libro II).

Esta secuencia te permite crear un cambio visual notorio con el menor cambio operativo posible dentro de la empresa.

Marketing para empresas locales

El marketing para los negocios locales es a la vez más fácil y más difícil que el marketing a nivel nacional. Es más fácil ponerse a trabajar, porque hay confianza en lo familiar. Es más difícil seguir trabajando porque las ofertas se desgastan más rápido. Esta es el arma de doble filo del marketing local. Así que, si estás en un mercado local, deberás cambiar la apariencia de tu oferta en el mercado con mayor frecuencia.

Resumiendo el tema del nombre

- Utiliza la fórmula de nombres M.A.G.I.C.a

- Recuerda que no necesitas usar los cinco elementos, puedes usar sólo 2 o 3 y aumentar drásticamente los resultados.

- Rima y alitera si es posible, pero no lo fuerces.

- Utiliza la secuencia de seis pasos para variar tu oferta y evitar el agotamiento.

- Si tienes una empresa local, deberías cambiar "el envoltorio" con más frecuencia.

REGALO No. 10. BONIFICACIÓN: Crea el nombre perfecto para tu producto.

Nombrar tu producto correctamente ayuda a tu avatar a saber que el producto es para ellos, que es valioso y que resolverá sus problemas. Si quieres hacer esto en vivo conmigo, visita Acquisition.com/training/offers y selecciona "Naming Products" (Nombrando Productos) para ver un video tutorial corto para que puedas empezar a usar esto en tu negocio para hacer más ventas lo antes posible.

También he creado una Lista de verificación gratuita de fórmulas de nombres para que puedas utilizarla y reutilizarla junto a tu equipo. También funciona para nombrar promociones. También puedes escanear el código QR si no quieres escribirlo. Como siempre, es absolutamente gratis. ¡Que lo disfrutes!

Problema #12: Aún No pasa nada
→ Solución #12: Haz que pase

TUS PRIMEROS $100.000

"Los primeros 100.000 dólares son un desafío, pero tienes que afrontarlo. No me importa lo que tengas que hacer: si eso significa ir caminando a todas partes y no comer nada que no hayas comprado con un cupón, encuentra la forma de conseguir esos 100.000 dólares. Después de eso, puedes aflojar un poco el ritmo".
— Charlie Munger, Vicepresidente de Berkshire Hathaway

1.5 Una historia para el cierre: (puedes saltearla si tienes poco tiempo)

Mi corazón iba a mil por hora. Podía sentir literalmente cada latido golpeándome el pecho. Apreté la mandíbula para evitar el nudo en la garganta que sabía que me iba a hacer llorar. Estaba agotado. Años de emociones reprimidas bajo la superficie. Años de ignorar mi realidad y mi falta de éxito. Años de postergar lo que sentía y enfocarme en *seguir adelante*. La presión salía a la superficie. Podía *sentirla*.

"Lo logramos", dije.

Leila, mi mujer, me miró. Estaba en la cocina preparando la cena y se detuvo, espátula en mano. "¿Qué quieres decir?"

"Lo conseguimos. Llegamos a los 100.000 dólares". Apenas logré pronunciar las palabras porque no quería que las lágrimas surgieran a través del temblor de mi voz.

"¿En ingresos?"

"No. En nuestras cuentas bancarias personales".

"¡¿Mierda, en serio?! ¡Es increíble!"

Corrió hacia mí, olvidándose de la comida que estaba en la hornalla, y envolvió mi cuello con sus brazos, con la espátula todavía en la mano.

"Estoy tan orgullosa de ti".

Me abrazó con fuerza. Me desplomé en sus brazos. Fue como si todos los nudos de mi cuerpo a los que me había estado aferrando se desataran de golpe. Apenas podía contenerme.

Pero cuando pienso en ese momento, la sensación que tuve no fue de felicidad. Era de alivio. Había pasado del miedo a la seguridad. Había pasado de sentirme fracasado todos los días, de ver cómo mi trabajo y mi esfuerzo no daban frutos, a hacer realidad un sueño. La ansiedad y el miedo constantes de "qué vamos a hacer" *finalmente* habían sido sustituidos por otra cosa. Por fin tenía tiempo para permitirme sentir algo.

Sentí que este capítulo de "lucha" de mi vida por fin había terminado.

"Mira", dije. "Es real".

Aparté la cabeza de los brazos de Leila. No quería mirarla a los ojos porque sabía que eso me llevaría al límite. Saqué mi teléfono y lo coloqué entre nosotras. Los dos miramos fijamente la pantalla con el saldo de nuestra cuenta bancaria personal.

US\$ 101.018.

Nuestras miradas permanecieron fijas mientras confirmaban una nueva realidad compartida. No era una ilusión. No eran ingresos. No eran "ganancias" que seguían en la cuenta de la empresa sólo para ser retiradas más tarde para alguna emergencia imprevista. No era dinero "asignado" que había que utilizar para pagar alguna deuda. Era *nuestro*. De verdad.

"Mi amor", le dije, "podríamos cagarla y no ganar ni un dólar más durante tres años seguidos, y aun así estaríamos bien".

En ese momento, 33.000 dólares al año eran más que suficiente para vivir con nuestros gastos actuales durante tres años *y algo más*.

Años de altibajos. Años de invertir dinero en mi(s) negocio(s) sólo para verlo desaparecer en gastos generales, salarios de empleados y errores. Años de seminarios, cursos, talleres, programas de coaching, planificaciones... se habían convertido en riqueza F-I-N-A-L-M-E-N-T-E. Me sentí como si hubiera entrado en un nuevo plano. El aumento relativo de la riqueza era más de lo que nunca había sentido.

Decenas de millones de dólares en el banco más tarde, en ese momento me sentí, y aún hoy lo siento así, me sentí más rico que nunca en mi vida. Fue el comienzo del siguiente capítulo de mi vida como empresario y emprendedor.

Algunas personas llegan rápido. Otros llegan lentamente. Pero todos terminan llegando, siempre y cuando no se rindan. No te rindas. Sigue avanzando. Sigue levantándote. Sigue creyendo que es posible.

Y lo será.

Recapitulación del libro:

Hemos cubierto muchos temas. Y creo que es importante consolidar y reafirmar la información para que la asimiles. Así que esta es la lista escrita "en la parte de atrás de la servilleta" de los puntos que resumen lo que hemos aprendido hasta ahora y por qué.

1) Hemos explicado por qué no debes ser una mercancía más, o un commodity, en este mercado.

2) Por qué deberías elegir un mercado normal o en crecimiento, y por qué los nichos pueden hacerte rico.

3) Por qué debes cobrar mucho dinero.

4) Cómo cobrar mucho dinero utilizando los cuatro impulsores de valor fundamentales.

5) Cómo crear tu oferta de valor en cinco pasos.

6) Cómo apilar el valor, entregarlo y hacerlo rentable.

7) Cómo desplazar la curva de la demanda a tu favor utilizando la escasez.

8) Cómo utilizar la urgencia para disminuir el umbral de acción de los compradores.

9) Cómo utilizar estratégicamente las bonificaciones para aumentar la demanda de tu oferta

10) Cómo revertir completamente el riesgo del comprador con una garantía creativa.

11) Cómo ponerle a tu oferta un nombre que resuene con tu avatar.

Ahora tienes una Oferta Grand Slam, con alto margen y sin competencia.

Crear una Oferta Grand Slam es el primer paso para crear el negocio que deseas. Hice todo lo posible para compartir todo lo que sé en el formato más <u>conciso</u> posible.

Reflexiones finales

Por último, espero que este libro marque una pequeña huella en nuestros esfuerzos por mejorar el mundo, porque creo que nadie va a venir a salvarnos. Depende de nosotros, como empresarios innovar para conseguir un mundo mejor. Y eso es algo a lo que estoy dispuesto a dedicar mi vida. Y espero que tú también.

Agradezco enormemente tu atención. Podrías haberla dedicado a cualquier otra cosa y elegiste invertirla aquí conmigo. Lo valoro profundamente. Así que, sinceramente, gracias.

Sigue apostando a más,

Alex

PD: (encuentra Regalos más abajo)

REGALOS

Tengo cinco regalos para ti. No conducen a ninguna compra. Son sólo regalos con la esperanza de que los utilices y algún día te pongas en contacto con nosotros para potencialmente invertir y ayudarte a hacer crecer tu negocio.

1) Boleto de oro

Invertimos en empresas que facturan más de 1.000.000 dólares en ganancias para ayudarlas a escalar. Si te gustaría que invirtiéramos en tu negocio para escalarlo, visita Acquisition.com. También puedes encontrar libros y cursos gratuitos tan buenos que harán crecer tu negocio sin que te des cuenta. Y si no te gusta escribir, puedes escanear el código QR para acceder a ellos.

2) Descargas y capacitaciones gratuitas

Para obtener las descargas gratuitas del libro y los videos de formación que acompañan a este libro, visita Acquisition.com/training/leads.

3) Capítulo extra gratis: Tu primer avatar

Si estás luchando por *descubrir a quién venderle*, publiqué un capítulo titulado "Tu primer avatar" entre este libro y el último. Considéralo como un *"single"* de un álbum de música. Puedes conseguirlo gratis en Acquisition.com/avatar. Solo ingresa tu correo electrónico y te lo enviaremos.

4) Podcast gratuito del audiolibro

Mi audiolibro Ofertas de $100M es gratuito (no es necesario registrarse). Puedes escucharlo dondequiera que escuches podcasts o en Acquisition.com/podcast. Comienza en el Episodio 579. Si prefieres escucharlo en *Audible*, también está disponible en *Amazon*. También verás que mi segundo Audiolibro Prospectos de $100M comienza inmediatamente después. Nuevamente, gratis.

5) Videos extensos gratuitos

Si te gusta ver videos, hemos invertido muchos recursos en nuestra formación gratuita, disponible para todo el mundo. Nos hemos propuesto hacerlo mejor que cualquier contenido pago disponible, y te dejaremos decidir a ti si lo hemos conseguido. Puedes encontrar nuestros videos en *YouTube* o dondequiera que veas videos buscando "Alex Hormozi".

El siguiente libro de la serie es Prospectos de $100M puedes encontrarlo dondequiera que compres libros.

Espero que disfrutes de estos productos tanto como yo disfruté creándolos para ti.

-Alex